Corinna-I

Crazy for Life:

Zum Buch

Vulkane werfen Rauchwolken in den Sternenhimmel, Filipa denkt über Kinderfreiheit nach, während Carlo Fruchtspieße auf dem Empfang der Schweizer Botschaft reicht, die Frage nach Gerechtigkeit spiegelt sich in den Straßen Mumbais wider und ein junger Amerikaner findet seine Sinnhaftigkeit auf dem Burning Man Festival in der Wüste Nevadas.

Das Buch spricht Menschen an, die mutig ihren eigenen Lebensweg bestreiten, viele Stolpersteine bereits erfolgreich gemeistert und auch schmerzhafte Verluste kraftvoll bewältigt haben. Menschen, die sich trotz oder vor allem wegen ihrer inneren Stärke immer wieder auch in Momenten der Verletzlichkeit und Unsicherheit befinden.

Wie am besten mit dem alltäglichen Lebenswahnsinn umgehen? Dazu gehören Fragen zum Lebensglück und wie viel wir „*müssen*" genauso wie Gedanken als Hamster im Arbeitsrad zu laufen, wie viele Stories wir uns „*nur*" selbst erzählen und ob wir auf die Frage nach dem Lebens-Purpose nicht doch pfeifen sollten.

Weitere Informationen zu Corinna-Rosa Falkenberg findest Du am Ende des Buches.

Corinna-Rosa Falkenberg

Crazy for Life: Verliebt ins Leben

Mit Illustrationen und Schriftdrucken der Autorin

Impressum

Dieses Buch ist auch als e-book erhältlich.

Ein besonderer Dank geht an meine Mutter.

Originalausgabe

Bibliografische Information der Deutschen Nationalbibliothek:
Die Deutsche Nationalbibliothek verzeichnet diese Publikation in der Deutschen Nationalbibliografie.

Lektorat: Dr. Florentine Heeckt

Typographie, Buchsatz & Cover: Dr. Corinna-Rosa Falkenberg

Herstellung und Verlag: BoD – Books on Demand, Norderstedt

Printed in Germany

ISBN: 978-3-750480285

www.stories.falkenberg.world

Für die Weltenbummlerin, Cinderella und Rabaukin,
die das Leben mit all seinen bunten Verrücktheiten liebt
und auf keinen einzigen Tag verzichten möchte.

„Und es kam der Tag,
da das Risiko, in der Knospe zu verharren,
schmerzlicher wurde
als das Risiko, zu blühen.“

\- Anaïs Ninh -

Für Dich, vorab

Ich bin eine neugierige Abenteurerin und war mit meinem Rucksack bereits in meinen Zwanzigern auf den Philippinen, in Burma zu einer Zeit, als die Menschen in Rangun noch keine Jeanshosen trugen, und als Schülerin im tiefen Busch Afrikas. Für die Vereinten Nationen habe ich in New York gearbeitet, eine NGO gegründet und gehe heute in einem großen Unternehmen einem internationalen Job nach.

Ich reise weiter sehr viel, liebe es, Neues zu probieren und ins Unbekannte einzusteigen. Oft verliere ich mich dabei. Auch in meinen Gedanken. Im Kopfkino. Laufe gegen Wände und könnte mir den Knall oft ersparen.

Ich liebe und werde geliebt, wurde blutend verlassen und habe verlassen, ich weine und lache, hatte schmerzende Operationen und ungute Unfälle.

Das Leben hat sich mir von seiner dunklen, aber auch von seiner Schokoladenseite gezeigt. Die ganze Farbpalette eben.

Ich experimentiere, versuche mich, gewinne und scheitere großartig. Stets auf der Suche nach Erfahrungen, die mich meiner persönlichen Wahrheit näher bringen.

Dabei fülle ich bereits seit Jahren die Seiten meines Notizbuches. Manchmal sind es nur Gedankenstücke, dann ganze Geschichten oder auch Zeichnungen. Für dieses Buch will ich sie alle nochmals durchgehen.

Dabei spüre ich Magensausen.

Ich mache mich auf eine Ladung Spannung gefasst und wähle für diese Aufgabe ein sonniges Herbstwochenende. Lege die

Textdrucke und einen roten Stift auf meinen Schoß und beginne zu lesen.

Peu à peu erinnere ich mich wieder daran, wo ich mich beim Schreiben der Geschichten in meinem Leben befunden habe. Intensive Flashbacks in eine bereits vergangene Zeit.

Beim Durchlesen der gesammelten Erzählungen und Notizen fällt mir auf, dass das Leben tatsächlich verrückt ist, ich aber auch ein wenig verrückt nach dem Leben bin.

Crazy for Life eben.

Und mir wird bewusst, dass das, was ich wirklich ganz fest vom Leben weiß, keinem zeitlichen Verfallsdatum unterliegt. Das, was ich über die Jahre hinweg als wichtig empfunden habe, ist es noch heute für mich. Ich werde in meinem Leben (hoffentlich) nie aufhören dazu zu lernen.

Dieses Buch enthält Erlebnisse, über die ich weinen und lachen musste, und Erfahrungen, die ich zunächst nicht wahrhaben oder ernst nehmen wollte, aber auf die ich doch wieder zurückkam. Es enthält viel, wonach ich mein Leben ausrichte und es gerne sogar noch mehr möchte.

Aber es gelingt mir nicht immer gleich gut, die Erkenntnisse auch tatsächlich zu leben. Darüber zu schreiben ist einfacher.

Sobald auch du dir die Frage stellst, was du denn vom Leben weißt und dich auf die Suche nach Antworten machst, passiert etwas ganz Einzigartiges: Du wirst dich Stück für Stück selbst finden.

Sich vollkommen und komplett zu finden, geht wahrscheinlich nie, aber ein wenig ist machbar, denn diese Reise zu dir selbst ist das schönste Geschenk, das du dir machen kannst.

Es ist deine eigene Wahrheit. Und das Beste ist, wenn du diese Erkenntnisse mit den Menschen, die du liebst, in deinem Leben teilen und weiter entdecken kannst.

Ich wünsche mir von Herzen, dass das Buch auch dich zu dieser Suche nach dir selbst inspiriert.

Deine Corinna-Rosa

Anruf bei Gott

Eine weitere Nacht auf dem kalten, kargen Wüstenboden in meinem Wurfzelt auf dem Burning Man Festival in der Wüste Nevadas an der Westküste der USA liegt hinter mir.

Ich hatte alles Greifbare angezogen, über- und untergelegt und dennoch konnte ich teilweise vor Kälte nicht schlafen.

Als ich ein entferntes, lautes Geräusch wahrnehme, erhebe ich mich schließlich und sitze kurze Zeit später auf meinem Fahrrad. Ich radele vorbei an ruhigen Campern, stillen Zelten und passiere dabei ein paar andere Frühaufsteher.

Gerade überhole ich einen nackten Mann mit einem Bäuchlein und einem kleinen, wackelnden Penis auf einem pinken Plüschrad, der in Seelenruhe neben mir her radelt. Die Stimmung ist friedlich, unberührt und frei.

Ich sauge die Energie auf.

*

Die Playa, der Kern des Festivals, ist tagsüber so anders als nachts. Es gibt kein grelles Licht, keine laute Musik und zu dieser Uhrzeit auch nur wenige Menschen. Die Berge zeichnen sich am Wüstenhorizont ab und ergeben mit den unzähligen Kunstskulpturen dazwischen einen faszinierenden Ausblick.

Zu meiner Linken entdecke ich einen umgebauten Golfwagen, der ausschaut wie ein mehrere Meter langer goldener Goldfisch, der Schuppen trägt, die in der Morgensonne froh glänzen.

Vor mir tummelt sich nun ein erster bunter Stelzenläufer, der sich in Richtung sprechender Solarblechblumen bewegt.

Dahinter sehe ich ein echtes silberfarbenes Flugzeug, das senkrecht und mit der Spitze nach unten in den Wüstenboden gerammt zu sein scheint und zu meiner Rechten gibt es eine Reihe von Autos, die mittels einer starken Metallstange so aufeinander gereiht wurden, als würden sie fliegen.

Als ich die Szenerie beobachte, kommt mir der Gedanke: „*Wäre doch so mehr das echte Leben!*"

Hätte das Leben außerhalb der Playa an sich doch nur mehr Witz, Kunst und Spaß so wie hier.

Eine Art Wonderland für Erwachsene.

Weniger Konventionen und mehr von dem, was wir wirklich sein wollen, aber uns so selten zutrauen.

Ein Schlaraffenland.

*

Ich steuere nun auf eine britische Telefonbox der älteren Generation zu, deren Tür entfernt worden ist. Darin entdecke ich ein zitronengelbes Telefon, das mittels Schnur mit der Wählbox verbunden ist.

Bevor ich eintrete, blicke ich empor und sehe ein großes Holzschild.

Darauf steht in schwarzer, schöner Schrift geschrieben: "*Speak to God*".

Weil ich das lange nicht mehr gemacht habe, trete ich ein, greife zum Hörer und erzähle.

Wie lange ich geblieben bin, weiß ich nicht.

Ich erzähle und spreche so lange, bis mir die Worte ausgehen und finde Antworten in der Stille des Empfängers.

MEIN HERZ
GEHÖRT ZU ERST
EINMAL MIR.
BEVOR ICH EIN
STÜCKCHEN HIERVON
JEMAND ANDEREM
SCHENKE.

Interludino

wenn ich mal wieder nicht weiter weiß,
so in meinem leben und überhaupt,
dann frage ich mich gelegentlich,
was wären denn die alternativen,
wenn ich den nächsten schritt
und das damit verbundene risiko nicht
eingehen würde?

und dann erscheint oft ganz klar vor mir,
wie ich mich zu entscheiden habe und
was zu tun ist.

Für das Leben in uns, denn mehr ist es vielleicht nicht

Einer meiner Lebensgrundsätze besteht darin, tief in das Leben einzutauchen und es mit all seiner Intensität und seiner Farbgebung maximal zu erfahren.

Nun können Grundsätze nicht immer strikt gelebt werden, deshalb heißen sie auch Grundsätze: Es gibt Ausnahmen von der Regel.

Der Versuch, sich an ihnen auszurichten, ist das, worauf es ankommt. Dabei ist es unerheblich, wo und wie wir das machen. Hauptsache, wir tun es.

So habe ich vor kurzem das erste Mal allein im Zelt auf einer einsamen Naturwiese geschlafen, Tantra erlernt und Tango getanzt bis zum frühen Morgenerwachen. Wirklich keine dieser Taten fühlte sich zu Beginn gut für mich an. Auch wusste ich nicht, was als nächstes passiert: Kommt das Wildschwein, blamiere ich mich wenig bekleidet vor fremden Menschen oder auf hohen Tangoschuhen?

Aber das ist die große Welt da draußen. Sie ist voll von Unbekanntem, Überraschungen, Vitalität, Energie, Flow, Action und Erregung.

Spannend ist, dass ich mich stets dann als echten Teil vom Leben fühle, wenn ich mich mit meiner Umwelt verbinde, mit ihr in Resonanz gehe und mich auf sie einlasse.

Wenn ich die Welt erteste und erlebe.

*

Vielleicht passiert Leben nicht immer im Konzernjob, auf dem Sofa oder vor dem Laptop? Auch nicht hinter Büchern, Zeitungen und Magazinen und erst recht nicht vor TV Serien oder im Versteck einer verstrittenen Beziehung?

Das sind Komfortzonen. Sie sind so gemütlich, entspannt und sicher.

Der Bereich außerhalb der Komfortzonen dagegen kann verdammt kalt, hart, unfair, beängstigend und noch so viel mehr sein.

Das, was außerhalb unserer Zone der Bequemlichkeit liegt, kennen wir nicht. Und es ist das Unbekannte, das uns typischerweise Angst macht.

Wir denken, der Bereich außerhalb unserer Gewohnheiten könnte wie ein dunkles Loch sein, in das wir unendlich tief fallen ohne je wieder Licht zu sehen. Sind wir in diesem Zustand kommt der Tunnelblick, unser eingeschränkter Weltblick und wir sitzen auf unserem Status Quo fest, klammern uns an ihn und suchen den Halt darin.

Das ist letztlich aber ein Irrtum in unserer Denkweise, denn wir wissen in Wirklichkeit gar nicht, ob das Unbekannte so dunkel ist, wie wir meinen.

Vielleicht besteht es einzig aus Sonnenlicht.

Vielleicht ist es leicht, befreiend und fröhlich.

Was dann?

*

Warum wir unsere Komfortzonen hin und wieder verlassen könnten, um tief in das Leben einzutauchen?

Weil genau dort das Leben beginnt und wir nur dort spüren, tatsächlich am Leben zu sein. Weil nur dort wieder Energie in unseren Körper fließt und uns aus dem halbtoten Schlaf des Alltagstrotts wachrüttelt.

Es ist wie ein Kick, der unsere Batterie wieder lädt.

In das Leben einzutauchen ist einfach: Initiativen gründen, daran teilnehmen und sie unterstützen. Nicht von der Ferne zuschauen, wie der Besucher eines Rockkonzerts etwa, sondern einsteigen, Musiker werden und selbst die Instrumente des Lebens spielen.

Unsere Hände dürfen dabei gerne schmutzig werden.

Vielleicht tut es manchmal auch weh, weil wir an Grenzen stoßen? Dann ist es eben so. Kann Schmerz nicht hin und wieder auch heilsam sein?

Wir sollten dabei sein, neue Dinge zu versuchen, uns etwa an einer Gemeinschaftsgärtnerei beteiligen, an Fremde schöne Worte richten, ins Büro laufen und das Auto zu Hause stehen lassen, ehrenamtlich arbeiten, ein Dinner organisieren und dazu gemischt Freunde und Bekannte einladen.

Das Leben ist einzigartig, wunderbar und vielfältig und wir dürfen so viel wir uns wünschen von den verschiedenen Blüten, die das Leben in sich trägt, erkunden und erleben.

Auch tut es gut, neben dem Broterwerb Interessen zu verfolgen, mit denen wir weder Geld verdienen, noch berühmt werden können. Dinge, die wir einfach nur gerne tun. Und mit etwas Glück helfen sie sogar anderen.

Balsam für die Seele.

Was immer es ist, es ist wichtig, sich am Leben zu beteiligen und mit dem Flow zu gehen, sich darauf einzulassen. Tief in das Leben einzutauchen.

Natürlich auch nicht immer, denn ein „*immer*“ ist in den wenigsten Fällen gut und alles Extreme ist nicht bedenkenlos.

Aber wir sollten lachen, weinen und tanzen so oft wir können. Wir sollten Glitzersterne versprühen, über unsere Fehler schmunzeln und uns vom Sommergewitter verzaubern lassen.

Für das Leben in uns, denn „*mehr*“ ist es vielleicht nicht.

HEUTE.
MIT VOR FREUDE
AUF DICH MORGEN
EINGESCHLAFEN

Interludino

der schmerz gehört dazu,
er macht uns aus,
und uns menschlich.

es ist ein irrtum,
zu glauben,
es ginge ohne im leben.

Über Augen-Blicke

Ich ziehe meine Beine näher an meinen Körper und versuche unter dem schmalen Dach der Kirchenpforte Schutz vor dem einsetzenden Regen zu finden.

Das gelingt leider nur bedingt. Meine Knie schauen nach wie vor so weit unter dem Schutzdach hervor, dass sich die ersten Regentropfen darauf zu versammeln beginnen, nur um dann in kleinen Gruppen den Weg hinunter an meinen Beinen zu finden.

Ich sitze auf den engen Stufen eines Seiteneingangs einer italienischen Kirche im Stadtteil Trastevere in Rom.

Durch den Regen sehe ich einen jungen Mann angerannt kommen. Er trägt ein schwarz-grau gestreiftes T-Shirt, das locker über seinen gut gebauten Körper fällt und darüber eine rote, offene Kapuzen-Jacke.

Die beiden Reißverschluss-Seiten baumeln links und rechts im Rhythmus seiner Bewegung.

Während er auf mich zu läuft und näher kommt, schaut er mich an. Seine Augen bestehen aus dunklen Pupillen, die Tiefe und Wärme ausstrahlen.

Ungefragt setzt er sich neben mich.

*

Mich beeindruckt diese offene Direktheit. Interessiert wende ich mich ihm zu.

Unsere Schultern berühren sich dabei. Eine leichte Unterhaltung beginnt, während der er kein einziges Mal seinen Blick von mir abwendet.

Er kommt aus Georgien.

Ich frage ihn, wieso er in Rom sei.

Für einen Workshop der restaurativen Architektur, so seine Antwort.

Ich blicke erneut in sein Gesicht und studiere es ein wenig. Es strahlt besondere Charakterzüge aus. Die Augen sind leicht schräg nach oben ausgerichtet, sie leuchten.

„*Ein gutes Zeichen!*“ , denke ich mir, denn die Augen sagen viel über unser Seelenleben. Sie sind deren Spiegel.

Ein Drei- oder auch Viertagebart umschmeichelt seine weichen Mundbewegungen wenn er spricht.

Der junge Mann schlägt vor, Schutz vor dem Regen in der Bar gegenüber zu suchen, möchte mich auf einen Aperitif einladen.

Schweigend rennen wir wie zwei kleine Kinder über den mittlerweile leeren Kirchplatz durch den Regen und drängen uns in der Bar an die volle Theke.

Wohl auch aufgrund des Wetters ist die Bar bereits am späten Nachmittag so voll, dass wir nur noch eng zwischen den anderen Gästen stehen können.

Wir bestellen und ich wende mich ihm langsam aber bewusst zu.

Er schaut mir in die Augen, einfach nur in die Augen. Für ihn scheint es nur mich in diesem Moment zu geben. Offen gesteht er mir, dass er meine Stimme und mein Lachen mag.

*

Komplimente tun gut. Wärme durchdringt meinen Körper. Ich fühle mich wunderbar.

Auch spüre ich seine feine Erregung. Sehe sie in seinen Mundwinkeln, die einerseits vor Freude, andererseits vor leichter Unsicherheit beben.

Es ist nur ein leichtes Zittern, kaum bemerkbar. Wahrscheinlich kann nur ich es ausmachen, weil ich ihm so nahe stehe.

Ich fühle, dass ich gerade ganz in meiner Weiblichkeit bin.

Was ist wohl der Grund dafür?

Die seltene Vertrautheit einem Fremden gegenüber am Tresen einer italienischen Bar? Die von dem warmen Regen durchdrängte und nun weiche Haut inmitten des hellen Lichts der Barlampen, während sich draußen der Himmel mit dem Frühlingsgewitter dunkel paart?

Vielleicht ist mein Gefühl auch nur dem Umstand geschuldet, gemeinsam eine sichere Enklave des Moments zu schaffen, während draußen der Regen das Leben in ein Grau zu legen scheint?

*

Der junge Mann hebt langsam seinen linken Arm, berührt meine rechte Augenbraue.

Es scheint sich ein kleines Element der Welt dort verfangen zu haben, er streicht es weich und genussvoll aus meinem Gesicht.

Mein Kopf folgt kaum merklich seiner Handbewegung und ich flüstere nur „*Again!*“ .

Er wiederholt es.

Dieses Mal ähnelt seine Berührung noch mehr einem Streichelzug voll intensiver Zärtlichkeit. Einer Liebkosung.

„*Close your eyes!*“ , sagt er, und unterstreicht seine Worte nun auch mit seiner rechten Hand.

Ich spüre die Hingabe seines Handspiels an meiner Wange und lasse es geschehen.

Auf einmal nehme ich seine Lippen wahr, die sanft die meinigen suchen. Und diese beginnen zu umkreisen. Er hält mein Gesicht dabei weiter sicher in seinen Händen. Ich gebe mich seinem Rhythmus bereitwillig hin.

Genieße die charmanten Erkundigungen seiner Berührungen.

Mir erscheint der Zauber dieses Kusses unendlich lang.

Auch als sich seine Lippen bereits gelöst haben, bleiben meine Augen weiter geschlossen.

Dann erhebe ich meinen Kopf leicht. Der junge Mann zieht mich nun näher an sich, schmiegt sich vorsichtig an meine Körperformen. Ich genieße auch das, lasse ihn mit einer Hand sanft durch mein Haar fahren.

Er sucht nun meinen Nacken, küsst ihn leidenschaftlich. Ich mag seinen Duft, seine Körpergröße, das Verschmelzen am Tresen der Bar in Rom und dennoch spüre ich, dass das Maximum unserer Begegnung bereits erreicht wurde.

Die Geräusche um mich herum gewinnen wieder an Bedeutung und ich werde mir meines Umfelds bewusster.

Realisiere, wo genau ich mich befinde und was passiert ist.

Der junge Mann spürt, dass ich gehen möchte. Vielleicht sieht er es auch in meinen Augen.

Er beeilt sich, nach meinem Namen zu fragen, bittet mich um meine Telefonnummer und schlägt mir lächelnd vor, mir noch das ein oder andere in dem Quartier zu zeigen.

Ich küsse ihn noch einmal weich und intensiv bevor ich, ohne ein weiteres Wort zu verlieren, die Bar verlasse und in den Straßen von Rom entschwinde.

UND WENN DAS
VERLIEBTSEIN, DIESE
SCHMETTERLINGE IM
BAUCH, WENIGERWERDEN

DANN KOMMT DIE TIEFE
MIT DIR. DAS VERTRAUEN,
DASS DU DA BIST
FÜR MICH.

Ausschalten hilft

Vor kurzem ging meine Time Capsule, das externe Laufwerk meines Mac Rechners, nicht mehr.

Ich machte sie aus, wartete ein wenig und schaltete sie kurze Zeit später dann wieder ein.

Die Time Capsule lief ab da reibungslos.

Es erstaunte mich, wie effektiv es sein kann, Dinge schlicht aus- und dann wieder einzuschalten. Aus welchem Grunde auch immer der Fehler dadurch behoben werden kann, es funktioniert.

*

Manchmal klappt das ja auch mit unserem Leben.

Wenn ich nicht weiter weiß und sich meine Gedanken immerzu im Kreis drehen, packe ich den ganzen Ballast, der so schwer auf meinen Schultern weilt, gerne in eine kleine innere Box.

Ich schalte dann einfach für eine Nacht ab und beginne am nächsten Tag von Neuem.

JA,

DU BIST

NICHT WIE DIE ANDEREN.

UND DAS IST NICHT NUR ABSOLUT OKAY, SONDERN SOGAR GANZ WUNDERBAR.

Pfeif' auf den Lebens-Purpose

Beruflicher Ehrgeiz ist ein zwiespältiges Gefühl.

Einerseits wird mit Ambition, Fleiß und Strebsamkeit meist Positives assoziiert, da diese Eigenschaften für das Streben nach „*mehr*“ stehen, einen besonderen Spannungsbogen im Leben kreieren und wir sie oft auch mit erfolgreichen Menschen in Verbindung bringen.

So kommt es gerade im beruflichen Kontext selten gut an, etwa im Bewerbungsgespräch kund zu tun, dass diese Attribute in der eigenen Persönlichkeit nur wenig ausgeprägt sind. Schließlich wird nur den Aufstrebenden eine Karrierelaufbahn versprochen. Auch wartet die extra Meile für den Bonus, der dann angeblich an der Angelschnur hängt, nur auf die Motivierten.

Andererseits ist Ehrgeiz zugleich auch einer der wesentlichen Treiber für Stress, Unruhe und die sich daran anknüpfenden psychischen und physischen Erkrankungen.

Manchmal führt Ehrgeiz auch dazu, dass wir unser Ziel nahezu schon verbissen auf jeden Fall erreichen wollen und dabei völlig vergessen, uns zu fragen, ob dieses Ziel überhaupt „*noch*“ zu uns gehört und weiter relevant für uns ist. Wir besitzen dann eine „*Tun*“-Energie in uns, aber wissen manchmal gar nicht mehr, für was wir sie überhaupt einsetzen möchten oder ob das, was wir aktuell tun, weiter unserem Lebensplan entspricht.

Bei der Wahl des Berufs geht es bei vielen von uns sicher auch um Geld und finanzielle Sicherheit, aber eben nicht nur. Es gibt weitere Faktoren, wie die Frage, ob ich etwas in der Welt bewegen kann, ob ich eine gesellschaftliche Veränderung durch meinen beruflichen Einsatz schaffen möchte oder ob ich an der Tätigkeit, die ich ausübe, große Freude empfinden mag.

Betrachte ich diese Fragen genauer, stelle ich fest, dass dieser Fragenkatalog in Wirklichkeit nicht nur die beruflichen Entscheidungen betrifft, sondern das ganze Leben an sich.

Von „*Purpose*", dem neuen Modewort, wird gerade in diesem Zusammenhang von Coaches, Ratgeberbüchern und New Work Anhängern gerne gesprochen. Ein neues Schlagwort, das sich mit Themen wie „*Was ist der Grund für deine Existenz?*" oder „*Warum bist du auf dieser Welt?*" befasst.

Als ich dazu einst in einem Buch las, notierte ich mir die Kernfrage „*Was ist mein Purpose im Leben?*" gleich übergroß auf einem Stück Papier vor mir.

*

Welche Talente besitze ich für die Welt und wie kann die Welt davon profitieren? Was will ich aus ihnen machen, für was bin ich geschaffen und wie kann ich mein Leben am besten danach ausrichten?

Schwere, große und weite Fragen. Mir wurde ganz bange bei diesem Fragenkatalog während ich weiter auf das Stück Papier vor mir blickte: „*Was ist mein Purpose im Leben?*"

Ich weiß es nicht.

*

Heißt das dann, dass ich die vergangenen Jahrzehnte nicht nach dem gelebt habe, was tatsächlich in mir steckt?

Verflixt.

Ich spürte ein Unwohlsein in meiner Magengegend und hörte nun meine innere Uhr im „*tick-tack-tick-tack*" Modus klingen, während das Leben weiterläuft und mir immer weniger Zeit für mein Purpose-Leben bleibt.

Ohne Antwort, unzufrieden und stark im Kopf, mit dem Denken beschäftigt, ging ich gleich daraufhin zum Ausschwitzen in die Sauna. Auch das half nichts. Selbst Stunden später hatte ich keine überzeugende Antwort auf meinen Purpose im Leben, meine Berechtigung hier zu sein, gefunden.

Schlechte Laune machte sich in mir breit.

Wirklich krass schlechte Laune.

*

Vor der industriellen Revolution gab es das Ideal der Berufung. Zu Zeiten der Romantik galt es als besonders, zum Künstler berufen zu sein.

Künstler zu sein galt damals nicht als eine freie Wahl, sondern würde einem inneren oder vielleicht sogar einem göttlichen Drang entspringen, gegen den sich der Künstler eben nicht wirklich erfolgreich wehren könne.

Diese Auffassung prägt bis heute auch unsere Vorstellung von *„dem“* idealen Beruf oder sogar von *„dem“* idealen Leben. Es klingt verheißungsvoll, dass wir alle nach einer Arbeit suchen, die uns einen Sinn und somit auch eine Berechtigung im Leben gibt, für die wir geschaffen sind und die uns glücklich macht.

Wer könnte dem nicht zustimmen?

*

Mittlerweile denke ich, dass es eine der schwierigsten, kompliziertesten und anstrengendsten Aufgaben unseres Lebens ist, herauszufinden, was unsere *„Berufung“* in diesem Leben ist.

Nehmen wir es genau, müssten wir unsere gesamte Aufmerksamkeit auf diese eine Frage richten. Wir müssten Dinge versuchen, experimentieren, scheitern, uns ausheulen und Neues versuchen.

Dafür müssten wir uns vielleicht von allen und allem zurückziehen, denn nur so könnten wir herausfinden, wo unsere höchstpersönlichen Neigungen liegen. Quasi unbeeinflusst von unserem Umfeld. Was sind meine Stärken, worin bin ich richtig gut? Miteinander streitige Interessen müssten dafür abgewogen werden. Wie viel Risiko bin ich bereit in Kauf zu nehmen? Wie viel Sicherheit brauche ich?

Wir bräuchten Ruhe, um darüber nachzudenken und zu erfahren. Müssten begreifen, dass der Druck, anderen zu gefallen, uns hier nicht weiterbringt.

Dieser Prozess kostet nicht nur Lebensenergie, sondern vor allem auch wertvolle Lebenszeit.

Doch wer von uns hat diese wirklich, will oder kann sie sich für diese Fragen nehmen? Ist sich sogar der vielen Alternativen, die das Leben zu bieten hat, bewusst und kann diese dann auch noch ausleben?

Ich jedenfalls nicht.

Hinzu kommt, dass das ganze Thema dynamisch ist. Man muss sich diese Frage eigentlich immer wieder stellen und bekommt wahrscheinlich, je nach Lebenslage, auch verschiedene Antworten.

*

Das Buch mit der Purpose-Frage habe ich jedenfalls nicht mehr aufgeklappt. Ich habe für mich entschieden, dass ich auf Purpose pfeife, weil ich mit der Frage schlicht nicht weiter komme.

Vielmehr meine ich mittlerweile für mich vom Leben begriffen zu haben, dass wir alle am Ende unseres Lebens nur einen kleinen Teil unseres großen Potentials ausgelebt haben werden.

Ich bin mir deshalb sicher, dass meine Vorstellungskraft von dem, was ich alles auf dieser Welt doch sein könnte, mein tatsächlich gelebtes Potential hin und wieder übersteigen wird.

Es wird einfach immer mehr in uns stecken, als das, was wir tatsächlich in die Welt tragen konnten und ein großer Teil dessen, was wir sein könnten, wird unentdeckt bleiben.

Das klingt schlimm und auch ein wenig traurig. Besonders

ältere Menschen sagen gelegentlich, dass sie bereuen, dies oder jenes in ihrem Leben nicht gemacht zu haben.

Ja, das kann passieren und vielleicht wird es auch bei mir eines Tages so sein. Aber dafür darf ich mich jetzt im Leben doch nicht allzu sehr grämen. That is schließlich life.

Vielleicht gibt es überhaupt niemanden auf dieser Welt, der auf ein maximal erfülltes Leben zurückblicken kann und was, wenn es von oben überhaupt auch gar nicht dafür ausgerichtet ist?

*

Ich habe für mich entschieden, mir meine Träume nicht nur im stillen Kämmerchen auszumalen, sondern diese auch mit Leben zu füllen und so gut es eben geht auch umzusetzen.

Zudem habe ich mir ganz fest vorgenommen, auch künftig viel auszuleben, mich zu probieren, stets zu wachsen und vor allem, Spaß am Leben zu haben und die Leichtigkeit des Seins maximal möglich zu feiern.

Aber alle Facetten des Lebens auszukosten, das wird mir einfach nicht gelingen.

Genau deshalb habe ich für mich beschlossen, dieses Delta als Teil des allgemeinen menschlichen Schicksals und unserer Existenz anzusehen.

Seitdem kann ich jedenfalls mit der Purpose-Frage entspannter umgehen.

Interludino

was glaubst du denn?

klar:

auch cinderellas müssen kämpfen!

UND KANN ICH NICHT
IMMER MEHR AUF
DIESER WELT SEIN?
ABER HABE ICH MICH
NICHT DAZU ENTSCHIEDEN,
DIE PERSON ZUSEIN, DIE
ICH HEUTE BIN?

Vulkanfunken

Ich besuche Stromboli, eine der liparischen Inseln im Süden Italiens. Dort gibt es den einzigen noch aktiven Vulkan Europas, der in kurzen Abständen Lava in Richtung Himmel wirft.

Während einer Nachtwanderung zum Krater des Vulkans stehe ich an dessen Spitze. Die letzten Höhenmeter wurden immer lichter, bis ich auf Steingeröll den Weg nach oben gehen musste.

Über dem Vulkankrater sehe ich nun Wolken, die entstehen, weil die heiße Lava von unten auf die kalte Luft über dem Vulkan trifft. Die Lava glüht feuerrot, so dass die Wolken in hellrosa vor mir erscheinen. Die gesamte Atmosphäre wirkt in der dunklen Nacht geheimnisvoll.

Ich blicke über den Rand des Kraters und sehe die kochende, schäumende Lavamasse.

*

Für lange Zeit kann ich meinen Blick nicht davon abwenden, so gespannt beobachte ich die zähe, schwere Flüssigkeit vor mir, die brodelnd Blasen wirft, nur um dann explosionsartig aufzuplatzen.

Es ist ein einzigartiges Naturschauspiel.

Bei jeder der Explosionen spüre ich die Hitzewellen, die nach oben treten.

Für jemanden wie mich, die Abenteuer liebt, sind es Erlebnisse wie diese, die das Leben bereichern und aufgrund derer ich weiß, warum ich mein Leben so lebe, wie ich es tue.

DAS PROBLEM,
DAS EINZIGE
PROBLEM MIT DEM
BEDEUTUNGSVOLLEN
IST, DASS ES DAS
BEDEUTUNGSVOLLE
GAR NICHT GIBT.

Sportleggins im Tigerlook, eine schwarze Fliege und sonst nix

Es ist früher Nachmittag auf dem Burning Man Festival in der Wüste Nevadas. Die ersten Tage konnte ich die lähmende, sengende und schwere Hitze noch mehr oder weniger gut wegstecken. Heute gelingt mir das nicht.

Der Wüstensand ist in meiner gesamten Kleidung zu finden und sitzt in jeder meiner Hautfalten, unter den Achseln genauso wie zwischen den Zehen. Nichts ist vor ihm sicher.

Mein mittlerweile mattes Sandhaar steht starr zu allen Kopfseiten weg. Es gibt kein fließendes Wasser und der nächste Toilettenanschluss dürfte locker mehr als fünfzig Meilen von dem Festivalgelände entfernt sein.

Und selbst, wenn es Wasser gäbe, egal in welcher Form, würde mich Haare waschen nicht weiter bringen, weil der Wüstenwind die nächste Ladung Sand direkt dorthin wirbeln würde. Mein nasses Haar wäre dann noch fester als es jetzt bereits ist.

Ich lasse mich, erschöpft von der Hitze des Tages, in den Schatten eines großen Zeltes fallen.

Irgendwie schafft es mein Smartphone zu einer kurzen Verbindung mit der Außenwelt und piepst. Deine Nachricht erreicht mich jetzt, zwei Tage nach Versand. Du gibst mir deine Koordinaten auf dem Festivalgelände durch.

Funklochhimmel in Nevada eben.

*

Motiviert durch die Aussicht, dich zu treffen, setze ich mich auf mein Fahrrad und breche auf gut Glück auf, um dich unter nahezu achtzigtausend Festivalbesuchern zu finden.

An den von dir durchgegebenen Koordinaten angekommen, blicke ich auf das Photo, das du mir von deinem Wohnmobil mitgeschickt hast.

Ich schaue mich um und sehe mindestens ein Dutzend solcher Modelle vor mir. Da mir ein Aufgeben nicht in den Sinn kommt, frage ich nach dir und beschreibe dich.

Frage wieder und zwar so lange, bis ich dich finde.

*

Du stehst vor mir und trägst eine Sportleggins im beige-schwarzen Tigerlook.

Dazu nichts weiter außer einer schwarzen Fliege.

Keck.

„*Come in!*“, so du zu mir. „*But take your shoes off! No sand inside!*“

Du hast vorgesorgt. Im Wohnmobil werden wir auf Polstern sitzen, die in Folien gehalten sind und die Wirkung von Schonbezügen haben. Der Sand frisst sich eben überall rein und zerstört was geht.

*

Jetzt blickst du mich mit deinen tiefen schwarzen Augen ruhig an. Du lebst in New York, bist Unternehmer und ein absoluter Nerd.

Als ich dich zum ersten Mal sah, trugst du ein Hasen-Plüschkostüm aus Alice im Wunderland in der Wüste Negev in Israel zum Midburn Festival, dem kleinen Bruder des Burning Man. Dazu die runde Brille, die dir auch jetzt auf deiner Nasenspitze sitzt.

Zum letzten Mal sind wir uns vor knapp einem Jahr begegnet. Da hattest du einen Anzug an und ich mein schwarzes Lieblingskleid.

Du schenkst mir nun ein Glas Wasser ein, wendest dich mir zu und beginnst, ausführlich und begeistert von deinem aktuellen Business Projekt zu erzählen. Holst eine Karte auf deinem IPad hervor und deutest mit deinem Zeigefinger auf einen Punkt, der fast in der Mitte der USA liegt. Dort besitzt du bereits die Mehrheit an Immobilien der gesamten Stadt.

Du möchtest dort eine Community aufbauen, so wie Facebook nur in echt. Du sprichst eifrig und schnell. Viel Inhalt in wenigen Sätzen. Für die Stadt hast du bereits einen gemeinsamen Yogaraum geschaffen, den örtlichen See erneuert und die erste Kunstausstellung eingeweiht. Deine Augen glänzen wie die eines kleinen Kindes.

*

Mir geht es im Moment weniger um den Inhalt deines Projekts und auch weniger darum, ob sich deine Idee auch wirklich erfolgreich realisieren lässt.

Das, um was es mir gerade geht, ist deine Energie, wenn du von deiner Idee sprichst.

Dein Herz leuchtet dabei und es fällt mir schwer, mich von deinem Elan nicht mitreißen zu lassen. Die Fliege, die weiter um deinen Hals sitzt, springt immer eifriger im Einklang deiner Handbewegung, wenn du auf dem IPad zum nächsten Slide gehst.

*

Ich sitze da, beobachte dich und das, was deine Begeisterung mit mir macht.

Wir beide werden später auf unsere Fahrräder steigen und uns auf der Playa, dem Kern des Festivals, gemeinsam verlieren. Wir werden so lange durch die Wüstennacht tanzen, bis uns unsere Füße nicht mehr tragen können.

Doch davor habe ich noch eine Frage an dich.

Die Frage, die mich umtreibt, seitdem ich dir und deiner Businessidee lausche: „*Wie hast du gewusst, welchen Weg du im Leben einschlagen möchtest und für was du dich in deinem Leben einsetzen möchtest?*"

Du schaust von deiner Präsentation auf, blickst mich erst etwas erstaunt an, aber nur um danach zu lächeln und mir zu antworten: "*Find what creates a sparkle in the eyes of the others. It should be easygoing and effortless. And then go for it.*"

*

Die Kunst besteht vielleicht tatsächlich auch darin, darauf zu achten, was zum Augenleuchten bei anderen führt, wenn es denn einfach und ohne große Anstrengung für einen selbst ist.

Nach dieser Maxime scheinst du jedenfalls dein Leben ausgerichtet zu haben. Du hast gefunden, wie du andere Menschen zum Strahlen bringst und setzt dich weiter dafür ein, dein Herzensprojekt dann auch umzusetzen.

Dafür bewundere ich dich.

Interludino

kennst du das:
du bist von etwas überzeugt,
so voll und ganz.

und weißt du das:
du kannst die Welt damit verändern.

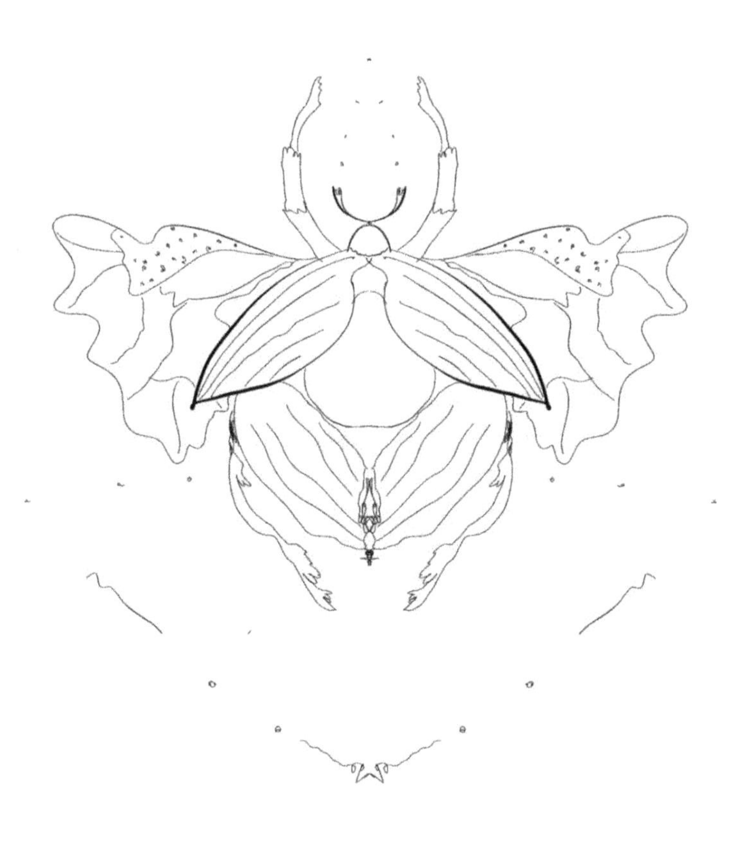

WANN
LÄUFT
ES
WIEDER
RUND?

Donnerwetter im Ekel-Moment

Ich habe einen anstrengenden Office-Tag hinter mir und bringe einiges an Arbeit mit nach Hause. Gerade als ich mich mit dem internen Firmennetzwerk verbinden möchte, merke ich, dass mein WLan-Router wieder einmal nicht funktioniert.

Genervt wähle ich die 24/7-Hotline meines Internetanbieters und erwische einen jungen Mann. Der Arme.

Er hat definitiv Pech, weil er nun meine volle Ladung Tageswut abbekommt. Ein richtiges Donnerwetter.

Ich bin in einer solchen Stimmung, dass ich mir selbst nicht einmal persönlich begegnen möchte. Obwohl der junge Mann auf Fälle wie meinen geschult zu sein scheint, gelingt es ihm nicht, mich zu beruhigen.

Nach dem Telefonat fühle ich mich mies und übel.

„*Was für ein Biest!*“, denke ich über mich selbst, lasse meinen Kopf schwer auf meine Sofakissen fallen und möchte wie ein australisches Straußentier tiefer in die Erde eintauchen und am liebsten nie wieder hervorkommen.

*

Wenn ich ehrlich zu mir bin, habe ich so eine Episode nicht zum ersten Mal in meinem Leben erlebt und es ist keine der Szenen, auf die ich stolz bin.

Denke ich aber darüber nach, so wie jetzt beim Schreiben, wird mir wieder bewusst, dass wir in Wahrheit immer zwei Handlungsoptionen haben.

Wir können unsere Energie entweder dafür nutzen, um die Menschen um uns herum *up-zuliften*, hochzuheben, so dass sie sich nach der Begegnung mit uns besser fühlen und gestärkt auf einem „*high vibe*“ Level weiterziehen können.

„*High vibe*“ deshalb, weil es letztlich eine Entscheidung zum Wohl aller ist, die generelle Energieschwingung unseres Umfeld anhebt und wir selbst aus nichts anderem als aus Energie bestehen.

Wir können unsere Energie aber auch dazu einsetzen, unser Umfeld in das Gegenteil, in eine niedrigere Schwingung, zu versetzen und es möglicherweise dadurch sogar auf das „*low vibe*“ Niveau zu degradieren.

Welchen der beiden Wege wir nehmen, obliegt einzig und allein uns. Wenn wir beispielsweise der Person, die neben uns in der U-Bahn sitzt, zulächeln, bewegen wir uns im *high vibe* Modus. Wenn ich allerdings ungehalten zu dem Herrn in der Telefon-Hotline bin, so wie vorhin gerade eben, habe ich mich ganz offensichtlich für das *down-liften* entschieden.

*

Lügen, Betrügen und Mogeln bedeuten ebenfalls eine Degradierung des Energielevels. Genauso wie schlecht hinter dem Rücken anderer zu sprechen.

Etwas für eine gute Sache zu spenden, der alten Frau die Baumwollbeutel mit Gemüse und Obst nach oben zu tragen oder auch in einem Streitgespräch nicht immer Recht haben zu wollen, sind dagegen Entscheidungen, die ein *up-liften* bedeuten.

Schöne Musik zu hören, ein Picknick mit Freunden zu organisieren oder ein Benefizkonzert zu unterstützen, sind ebenfalls allesamt Dinge, die das energetische Schwingungsniveau anheben.

Es gibt den Satz, dass wir im Leben immer das ernten, was wir gesät haben. Ich erinnere mich daran, weil mein Großvater ihn mehrmals erwähnt hat als ich kleiner war. Er hatte Recht.

Auch du wirst bemerken, dass das was du ausstrahlst, zu dir zurückkommt.

Schwingst du auf einer hohen Frequenz, wird sich dein Umfeld anpassen, dir ein Lächeln zurück schenken und dich vielleicht sogar mit dem Leben positiv überraschen. Auch wenn es nicht sofort passieren wird, so wird das Universum zu dir dankend zurückkommen und sich zeigen.

*

Ich habe es an dem heutigen Abend jedenfalls mit meinem Karma versemmelt, indem ich mich dem jungen Herrn am Telefon gegenüber von meiner Ekelseite zeigte.

Und ich werde es leider auch in anderen, zukünftigen Momenten in meinem Leben nicht hinbekommen, stets auf hohem Energieniveau zu schwingen und mein Umfeld dorthin mitzutragen.

Allerdings nehme ich mir selbst ein wenig an Druck, weil ich damit in meinem Leben selten gut weitergekommen bin. Ich fühle mich jetzt erst einmal erleichtert, dass ich in meinem Ekelmoment nicht einfach nur auf meinem Sofa sitzen bleibe und ein Ventil für meine Verstimmung an anderer Stelle suche, sondern, dass ich mir bewusst machen kann, dass ich auch anders hätte reagieren können.

Es werden weiter noch andere Tage in meinem Leben kommen, an denen ich ganz offensichtlich ohne Grund gereizt und genervt Dritten gegenüber reagieren werde.

Ich bin einfach alles andere als eine durch und durch nur „*gute*" Person. Aber darum geht es im Leben vielleicht auch nicht.

Vielleicht ist es viel wichtiger, dran zu bleiben und nicht zu vergessen, dass wir immer wieder die Chance vom Universum bekommen, uns für das Licht, das energetische *high-vibe* Level, anstelle des Schattens, das *low-vibe* Level, zu entscheiden.

Jeden Tag aufs Neue.

Interludino

suche heilung nicht bei denen,
die dir in dein gesicht geschlagen haben.

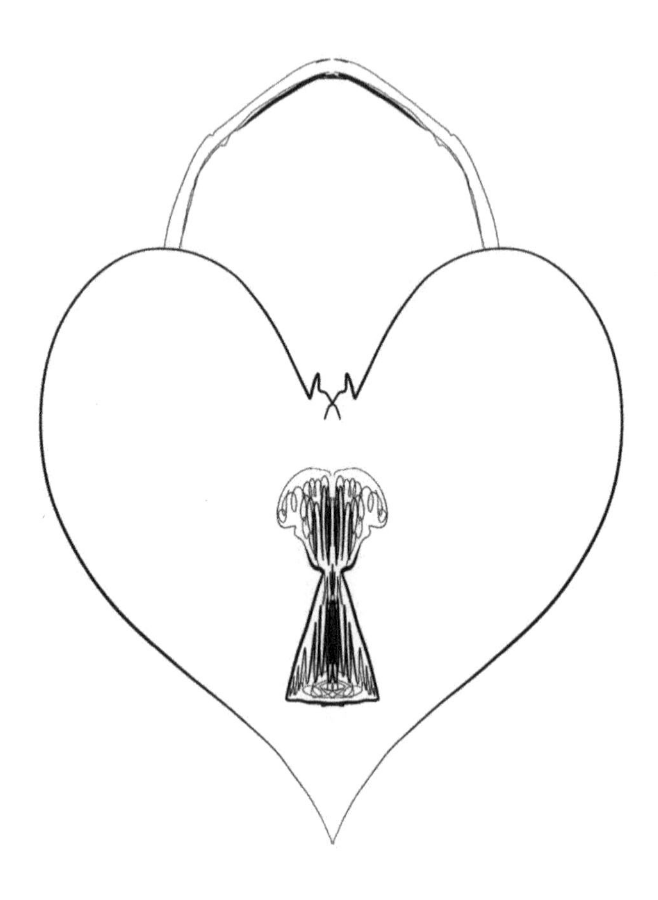

WIE
EHRLICH
WILLST DU (ICH)
LEBEN?

Reis in Indonesien

Wenn ich auf Reisen bin, interessiere ich mich vor allem für das Leben der dortigen Bevölkerung.

Während einer meiner Reisen nach Indonesien besuchte ich Reisbauern. Ich war alleine spazieren und kam an einer kleinen Hütte mit einem Blechdach vorbei. Dort lachte mich eine ältere Frau herzlich an, die gerade dabei war, Bohnenfrüchte aus deren Schale zu nehmen.

Ich gesellte mich zu ihr.

Die Frau konnte kein Englisch und ich sprach ihre Sprache nicht, aber unsere Augen verstanden sich. Nach einer kurzen Zeit kam der Rest ihrer Familie dazu.

Die Familie besaß nicht viel. Der Sohn der älteren Frau führte mich durch die drei kleinen Räume der Hütte. Es gab keinen Fußboden, so dass wir direkt auf der Erde standen. Elektrizität war genauso wenig vorhanden wie fließendes Wasser. Die Kinder mussten täglich auf dem Feld mitarbeiten und besuchten nur hin und wieder die Dorfschule.

Die Arbeit auf dem Feld ist hart. Ich konnte es an den Furchen in ihren Händen sehen.

Wie ich später erfahren sollte, regnete es in dieser Saison so viel, dass ein großer Teil der Ernte vernichtet wurde. Viele Familien waren deshalb gezwungen, zu einem hohen Zinssatz ein Darlehen aufzunehmen, um die notwendigsten Dinge für das Leben kaufen zu können.

*

Nach dem Besuch bei der Reisbauernfamilie gingen mir viele Gedanken durch den Kopf.

Ich war berührt.

Die Kinder werden nie die gleichen Chancen wie ich im Leben haben.

Bei mir gab es früher oft Zeiten, in denen ich *„einfachere"* Positionen innehatte. Als Schülerin habe ich etwa im Supermarkt Regale aufgefüllt, um mir mein Taschengeld aufzubessern oder Werbeprospekte bei uns auf dem Land verteilt.

Es kam mir damals nicht in den Sinn, andere Lebensmodelle zu betrachten und mich zu fragen, wie ich selbst ein solches erreichen kann. Ich hatte keinen Plan vom Leben und konnte dennoch diese Art von Jobs hinter mir lassen und mich weiterentwickeln.

Oft, ich bin ehrlich, weil ich Glück hatte.

Den Kindern auf dem Reisfeld wünsche ich, dass sie das Bewusstsein entwickeln, dass es auch andere Lebensmodelle gibt, mit denen sie ihr Leben bestreiten können und vor allem, dass sie einen Weg finden, dorthin zu gelangen, wenn sie das möchten. Sie könnten die Möglichkeiten erkennen, die es auch außerhalb des Reisfeldes gibt und im besten Fallen diese auch ergreifen.

*

Ich weiß nicht, warum mir die Chancen in meinem Leben zuteil geworden sind und bin mir bewusst, dass ich dieses Glück nicht wirklich im wahrsten Sinne des Wortes *„verdient"* habe.

Wenn ich in einem anderen Land, in einer anderen Region geboren wäre, würde ich wahrscheinlich auch auf dem Reisfeld von einem anderen Leben träumen.

GESTERN SORGEN

FÜR

HEUTE & MORGEN GEHABT.

Verjage die Traumdiebe

Ich habe immer versucht, mir meine Lebensvisionen zu bewahren und nicht zugelassen, dass jemand anderes mir sagt, was ich tun kann und was nicht, gerade weil es so viele Traumdiebe auf dieser Welt gibt. Diese kommen dann in Form von kleinen negativen Bemerkungen und abwertenden Blicken oder üben sozialen Druck aus.

Es ist manchmal nicht einfach, die Traumdiebe zu verjagen und bei sich selbst zu bleiben, aber es ist die Sache wert, denn unsere Wunschvorstellungen vom Sein auf dieser Welt sind zugleich die Sprache unserer Seele.

Es ist dabei auch absolut in Ordnung, wenn sich das Leben, das wir uns wünschen, von dem unterscheidet, das sich unsere Eltern für uns vorstellen. Oder auch von dem Leben abgrenzt, das unsere Eltern, unsere Nachbarn oder andere Menschen selbst leben.

Auch ist es okay, wenn weder unsere Freunde noch unsere Familie oder unsere Kollegen unsere Träume verstehen können.

Und es ist schließlich auch nicht schlimm, wenn wir von anderen deshalb als ein bisschen verrückt, „*crazy*", eingestuft werden, weil sich unsere Idee vom Leben von denen der anderen so stark abhebt.

*

Die einzige, für die deine Träume stimmig sein sollten, bist du selbst.

Ganz am Ende deines Lebens, wenn du dein Leben gelebt hast und darauf zurückblickst, bist du die Einzige, die vergleicht, ob sie das Leben, das sie führen wollte auch tatsächlich geführt hat.

In diesem Moment der absoluten Wahrheit wird nur deine eigene Meinung zählen, so dass es deshalb am sinnvollsten ist, bereits vorab auf dich selbst und niemanden anderen zu hören, wenn es um deine Vision vom Leben geht.

Manchmal verschwinden die Träume und sind nicht mehr auffindbar. Sie existieren aber. Sie verstecken sich nur.

*

Ich finde meine Träume am besten dann, wenn ich wieder mehr auf mein Bauchgefühl höre. Das Bauchgefühl ist mir wichtig, ist aber nicht die einzige Stimme, die ich ernst nehme, denn auch der Verstand hat seine Berechtigung. Auch er darf sein, weil Bauch und Kopf nämlich ganz hervorragend zusammenarbeiten können. Sie brauchen nur ein wenig Übung und Zeit, um miteinander kooperieren zu lernen.

Gerade hier im westlichen Teil der Welt vergessen wir oft, welche schöne Bedeutung unser Bauchgefühl (und auch unser Herz) einnimmt und konzentrieren uns nahezu ausschließlich auf unseren Verstand. In der östlichen Welt ist es hingegen genau andersherum.

Träume und lebe deine Träume, weil es sonst nämlich kein anderer für dich tut.

Aber achte auch darauf, dass du dich nicht in deinen Lebensvisionen verlierst, indem du zu sehr in deinen Träumen weg vom Alltag entspannst und genießt, was du dort mental bereits erreicht hast.

Sonst fehlt dir nämlich oft die Energie, die du brauchst, um deine Träume in die Realität zu holen.

Lebe deine Wunschvorstellung vom Leben *„jetzt"* aus, weil es ein *„später"* vielleicht nicht gibt.

ICH GEHE
MIT MIR
SELBST
JETZT
IN FLITTER-
WOCHEN!

Interludino

wenn du einen traum hast,
dann kämpfe für ihn.
leidenschaftlich
und
mit aller kraft,
die du hast.

du kannst das,
denn dein traum ist es wert.

Ein Stückchen Holz

Es ist ein weiterer Tag auf dem Burning Man Festival in der weiten Wüste Nevadas.

Das Festival berührt mich tief und wühlt mich auf. Es gibt Momente, in denen ich mich mit meiner Umgebung verbunden fühle und dann gibt es Momente, so wie diesen jetzt, in denen ich inmitten der Masse der Menschen großartig verloren bin.

„Bin ich hier richtig?“, so frage ich mich.

Gerade vorhin war es noch der Fall, doch jetzt schon nicht mehr. Der Sand, die Hitze und der ganze Rest. Es ist mir alles gerade zu viel.

Aber vielleicht gehört dieses Gefühl zum Festival und auch manchmal zum Leben dazu?

Vor mir sehe ich nun ein großes Zelt, als sich bereits der nächste Wüstensturm nähert. Ich flüchte hinein und entdecke die Matten für Reiki Behandlungen. Kurz darauf liege auch ich, etwas vom heißen Wüstensand erhöht, im Schatten des Zeltes, während draußen der Wind alles ins Unerkenntliche hüllt, als ein junger Mann auf mich zutritt.

*

Er bietet mir eine Reiki Behandlung an, verspricht Entspannung und Ruhe. Etwas später schließe ich meine Augen und versuche, mich der Energie des jungen Amerikaners hinzugeben.

Dabei achte ich aber genau darauf, was er mit mir wie macht. Er spürt meine Anspannung, reagiert seinerseits mit Aufregung.

Er spricht weiter leise und langsam mit mir, während er mit der Behandlung beginnt. Er sagt, was er spürt und in mir sieht.

Ich lausche seinen Interpretationen, kann mich darin wieder erkennen.

Er berührt mich dabei nie direkt, sondern fährt mit seinen Händen achtsam und in nahem Abstand an meinem Körper entlang. Gelegentlich, es wirkt intuitiv, hält er an bestimmten Körperstellen inne, schweigt dann.

Zunehmend lasse ich los, spüre wie Leichtigkeit und Lockerheit zurück kommen und bin mit all meinen Sinnen da, wo ich jetzt bin.

Der vielleicht sowieso schönste Ort überhaupt.

*

Am Ende der Behandlung holt der junge Mann aus seinem Rucksack vorsichtig ein wunderschönes, schmales, und längeres Stück Holz hervor.

Es ist von der Sonne ausgeblichen, an manchen Stellen mit einem goldenen Messingdraht versehen und an anderen mit einem dunklen Lederband umspannt.

Er reicht es mir, will es mir schenken.

Mit Stolz erzählt er, dass er es aus gesammeltem Holz um die Gegend des Lake Tahoe angefertigt habe. Sein Energiesymbol während der letzten Jahre. Nach der Behandlung von mir wisse er nun, dass er *„es"* kann. Er fühle sich nun stark genug, seine eigene Reiki Praxis in San Fransisco aufzumachen.

*

Als ich später wieder in das wilde Zirkustreiben des Burning Man Festivals eintrete, die Musik wahrzunehmen beginne und mir der Menschen auf der Playa bewusst werde, greife ich in meine Tasche und suche intuitiv den Stab.

Als ich ihn berühre, spüre ich, wie er mir Halt gibt.

Wir alle brauchen hin und wieder vielleicht etwas, um uns in dieser manchmal so ver-*rückten* Welt festzuhalten, um nicht unterzugehen und Stärke gewinnen zu können.

Dieser Halt kann ein Mensch, eine Situation, ein ganzer Lebensabschnitt oder so wie hier in der Wüste Nevadas auch nur ein Stückchen besonders bearbeitetes Holz sein.

Es ist egal, um was es sich handelt.

Hauptsache wir haben ihn, wenn wir ihn brauchen.

EINES TAGES,
AN EINEM SONNIGEN
TAG, STAND DIE
PRINZESSIN AM BURG-
FENSTER UND SPRANG.
DA ERST WURDE IHR
BEWUSST, DASS SIE
AUCH OHNE FLÜGEL
FLIEGEN KANN.

Interludino

um es klar zu machen,

viele frauen haben kein thema damit,

vertrauen zu schenken.

sie haben ein bestimmtes verhalten

nur bereits woanders gesehen und sich geschworen,

niemals durch den gleichen mist zu laufen.

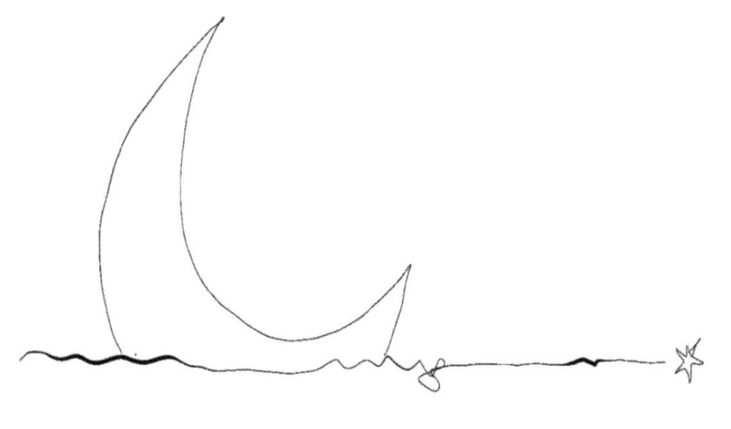

Botox

Ich schlüpfe im Auto am Waldrand rasch in mein Dirndl. Knöpfe die Bluse zu, richte meine Haare und trage einen leichten Rotton auf meine Lippen auf.

Im Rückspiegel sehe ich die vergnügte Dorfjugend auf dem Weg zum Festplatz, während sich hinter den Berggipfeln die Sonne senkt und mein Spiegelbild in ein warmes, blaues Licht hüllt.

Ich bin in Rottach-Egern am Tegernsee. Es ist Freitagabend und das Waldfest des örtlichen Skivereins läuft bereits auf Hochtouren.

Eine Nachricht von Max blinkt auf meinem Telefon auf: „*Wo bist du?*“

Er scheint jedenfalls schon da zu sein.

*

Max ist mittleren Alters mit einem charmanten Lächeln, Witz, Humor und einer deftigen Portion Selbstbewusstsein. Ihn hat man gerne mit dabei in der geselligen Runde, weil seine gute Stimmung auf alle leicht überschwappt.

Die Frauen liegen ihm zu Füßen und einer seiner besten Freunde behauptet, dass er selbst vom weiblichen Geschlecht ignoriert werde, wenn er abends mit Max ausgehe.

Ich mag Max als Bekannten, weil er Pfiff besitzt und selten ein Blatt vor den Mund nimmt.

Max ist höchstaktiv auf Tinder, Bumble & Co und nimmt mit was geht. Festlegen fällt ihm schwer, weil ihm andere Frauen in der Zwischenzeit entgehen könnten.

„*The fear of missing out*“ und definitiv viel Freude an der Lust.

*

Auf dem Waldfest angekommen, entdecke ich Max an einem der Biertische. Wir teilen uns vier Gurken, ein Stück Käse und eine Riesenbrezel während er mir begeistert von Flora erzählt, die er gestern „*gepoppt*" hat.

Flora kommt nun aus München angefahren, um ihn auf dem Waldfest heute Abend zu treffen. Sie bringt „*natürlich*" ein paar Freundinnen mit.

Mahnend schaut er mich jetzt an und ergänzt, dass ich mich in deren Gegenwart bitte mit scharfen Bemerkungen zurückhalten solle.

Bereits vor ein paar Wochen hatte Max, wohlwissend, was sich im Leben alles noch so ereignen kann, im schönen Bachmeier Hotel am See ein Zimmer mit Doppelbett reserviert.

Er hatte nie vor, die Nacht dort allein zu verbringen.

Erst vor kurzem trennte Max sich von seiner „*Freundin*". Als eine solche bezeichnete er sie allerdings nie offiziell in Gegenwart Dritter. Er beginnt nun seine hübschen Augen zu verdrehen. „*Was war das für ein Auf und Ab!*" , fügt er hinzu. Er schüttelt den Kopf und schiebt sich das letzte Käsestück genüsslich in seinen Mund.

*

Auf seinem Telefon blinkt es jetzt. Flora ist da und Max beginnt zu strahlen.

Ein wenig später sitzen Flora und ihre Freundinnen neben uns.

Auffallend sind Floras Lippen, die offensichtlich frisch vom Botox Termin kommen. Jetzt sehe ich, wie sich ihre besonders geschwungenen Lippen mit seinen innig verschlingen.

Kurz davor habe ich für den Bruchteil einer Sekunde den Ausdruck in Floras Augen gesehen. Es war eine Mischung aus Begeisterung und Glück. Vielleicht, weil Max ihr vor ihren Freundinnen und mir seine ungeteilte Aufmerksamkeit zukommen lässt. Vielleicht auch, weil sie hofft, dass Max der Mann ihrer Träume sein könnte.

Flora schmiegt sich nun leicht an ihn und legt ihren Kopf auf seine Brust. Ganz so, als dürfe dieser Augenblick nie zu Ende gehen.

Der Augenblick hielt an, die Zweisamkeit der beiden aber nur bis zum nächsten Morgen.

Dann hat Max Flora gegen ein neues Date getauscht.

PERFEKTION

LANGWEILT

DOCH.

Frische der Jugend

Am Wochenende hatte ich Clara, die Tochter meines Cousins, zu Besuch in Schwabing.

Sie bat darum, mit ihren zwei Freundinnen, Ronja und Maja, bei mir übernachten zu dürfen, weil sie ein Popkonzert in München besuchen wollten. Es gab keinen späten Zug mehr zurück ins Allgäu für den gleichen Abend.

Clara ist vor kurzem sechzehn Jahre alt geworden. Es war das erste Mal, dass sie ohne ihren Eltern in München war.

Die drei Mädchen brachten einen frischen Wind in meine Dachgeschosswohnung. Auch daran zu erkennen, dass sich mein Wohnzimmer am Sonntagmorgen in eine Jugendherberge verwandelt zu haben schien.

Die Mädels lagen auf den Matten am Boden, schminkten sich, kämmten sich die Haare und redeten Girls Talk. Ich bereitete still das Frühstück vor, lauschte aber mit dem ein oder anderen Ohr den Gesprächen im Nachbarzimmer.

Mit den Müslischalen in der Hand setzten wir uns alle zusammen.

Die jungen Frauen erzählten mir von dem Schulalltag, wie das Leben so mit den Jungs eben ist, wie aufregend gut der Sänger gestern aussah und berichteten davon, dass sie nach der Schule erst einmal ins Ausland wollten. Sie überlegten, ob es besser sei, einen Sozialdienst in Brasilien anzutreten oder „*einfach*" nur zu reisen.

Wir verbrachten Stunden auf dem Sofa, bis es Zeit für die drei war, zurück nach Hause aufzubrechen.

Aber nicht, bevor sie noch ein Dreierselfie vor dem Flurspiegel mit Sweatshirt und Mütze samt Logo des Sängers vom Vorabend gemacht hatten.

*

Ich bin sehr gerne mit jungen Menschen zusammen und habe den Vormittag mit den Mädels genossen.

Sie sind unwissend und unbedarft genug, um dem Chaos des Lebens mit Frische entgegen zu lächeln und daran zu glauben, dass alles gut wird.

Menschen, die bereits in der Mitte ihres Lebens stehen, lassen sich von dem Lebenschaos gerne überrollen. Sie sind angstvoll, erwarten die Gefahr und das Scheitern und ihre Sorgen bringen sie manchmal dazu, starr in ihrer Komfortzone zu verweilen.

Menschen in einem hohen Alter hingegen haben bereits genügend erlebt um zu wissen, dass Chaos im Leben einfach dazu gehört, alles vergänglich ist und manche ihre Ängste sich rückblickend als nicht berechtigt herausgestellt haben.

Interludino

du kannst auch viel sein.
stark, hübsch, schwach, wild.
oder einfach nur ein buntes einhorn.

VON TAG ZU
TAG
BEMERKE ICH,
WAS ICH NICHT
BIN. ICH HABE
BESCHLOSSEN,
DAß MIR DAS
GEFÄLLT!

Ein Jahr

Es gibt Entscheidungen im Leben, die einschneidend sind und dem Leben eine grundsätzlich neue Ausrichtung geben.

Wie etwa damals die Frage, ob ich aus Paris zurück nach Deutschland ziehe. Ich hatte dort zu Ende studiert und liebte die Stadt, aber nach fünf Jahren Ausland hatte ich doch Heimweh.

Wenn ich vor solchen schwierigen Entscheidungen stehe, komme ich mit Überlegungen und meinem Geist allein nicht weiter. Es dreht sich dann alles, weil ein Argument dafür, ein anderes dagegen spricht.

Dieses Phänomen ereignet sich mit Vorliebe bei komplexen Entscheidungen. Wie auch bei der, ob ich meinen damaligen Investment Bank Job in Frankfurt kündigen soll. Verdammt, die Sicherheit wäre weg und so schlecht ist der Job doch eigentlich nicht, weil die Tätigkeit international und objektiv spannend ist. Allerdings ist meine ursprüngliche Begeisterung nicht mehr da und gibt es nicht *„noch mehr“* als dieses eine große Unternehmen, das von mir beruflich gesehen werden möchte? Was, wenn diese Flaute aber nur eine Phase ist?

Mein damaliges Kopfkino bestand aus solchen Gedanken.

Was aber, wenn ich nur noch ein Jahr zu leben hätte?

Würde ich nur noch ein Jahr leben, wäre es mir völlig egal, was ich *„eigentlich“* gerne wäre. Ich würde dann nur noch danach entscheiden, ob ich etwas will oder nicht, weil ein *„später“* ausgeschlossen ist.

Würde ich nur noch ein Jahr leben, würde ich versuchen, nur noch meine innigsten Wünsche zu erfüllen und meinen Fokus klar darauf zu setzen. Es wäre mir egal, was mein Umfeld dazu sagen würde, da ich ganz klar meinem Herzen folgen würde.

Ich würde mich eben nicht mehr mit Lebenslagen, die „*schon ok*" sind zufrieden geben, genauso wenig wie mir die Antwort „*Es könnte doch noch schlimmer kommen, ich bin zufrieden*" genügen würde. Auch auf den Spruch „*Man kann nicht alles haben*" würde ich öfters mit „*Warum eigentlich nicht?*" kontern.

Kann es sein, dass ich mit der Frage „*Wie würde ich entscheiden, hätte ich nur noch ein Jahr zu leben?*" einen solchen direkten Blick in mein Herz bekomme, dass selbst Wünsche erfasst werden, die ich mir ansonsten weder vor anderen, noch vor mir selbst eingestehen würde?

*

Es gab eine Phase, in der wollte ich in meinem Frankfurter Bank Job unbedingt weiterkommen, weil es sich stimmig und richtig anfühlte.

Bis ich bemerkte, dass ich zwar ein gut und regelmäßig gefülltes Bankkonto hatte, aber meine überwiegende Lebenszeit nicht mehr für Kinobesuche und Pasta Abende mit Freunden einsetzen konnte. Während der wenigen Treffen mit Freunden fühlte ich mich gehetzt und sprach noch schneller als ich es sowieso schon tat.

Zeit wurde ein noch größeres Luxusgut.

Ich war nicht mehr glücklich.

Erst ein paar Jahre später habe ich gemerkt, dass ich von einer der größten Drogen der westlichen Welt abhängig geworden war: meinem Job. Die typische Spirale von Job, Aufstieg, Burnout und Ausbildung zur Yogalehrerin konnte ich aber erst später überblicken. Zu groß war damals die Freude, Rechnungen ohne Gedanken an meinen Kontostand zu begleichen und zu bunt war mein Hormoncocktail, der entstand, weil ich an Business Deals mitarbeitete, die in der Presse abgedruckt wurden.

Mein Studium habe ich selbst finanziert. Ich habe bis spät nach Mitternacht gekellnert und auf Messen die Besucher begrüßt. Es schmeichelte mir umso mehr, nach dem Studium von internationalen Firmen zu Vorstellungsgesprächen eingeladen zu werden, nur um dann am Ende entscheiden zu dürfen, welchen der Jobs ich annehmen wollte.

Es lockten tolle Städte, Fortbildungsmöglichkeiten und spannende Kollegen.

*

Süchtig war ich deshalb, weil es für mich eine Lebensphase gab, in der ich mir sofort einen neuen Job gesucht hätte, wenn ich meine Position bei der Bank verloren hätte.

In der Hochphase meiner Bankkarriere arbeitete ich immer mehr, und es gelang mir nicht, meine Arbeitszeit so vernünftig zu begrenzen, dass ich Zeit für Freizeit und für mich selbst hatte.

Für Freundschaften blieb weniger Raum, so dass ich mich immer mehr mit Kollegen umgab, die in der gleichen Situation waren wie ich. Wie viele Dinner musste ich wegen dringender Telefonkonferenzen abends unterbrechen oder Verabredungen gleich ganz absagen, weil noch kurzfristig etwas Wichtiges bearbeitet werden musste und der Chef danach rief?

Faktisch besteht der Deal mit Arbeitgebern weiter darin, dass sich diese Lebenszeit gegen Lohn kaufen und für den Zeitraum der gekauften Lebenszeit können sich Chefs grundsätzlich viel erlauben, was sie mit ihren Angestellten wie machen.

*

Heute weiß ich, dass das Hamsterrad des Jobs mich leider noch nicht dahin gebracht hat, dass ich allein mit dem Ergebnis meiner bisherigen Arbeit, also mit dem, was ich erschaffen habe, Geld verdienen kann.

Das wäre die Idee vom passiven Einkommen. Dies trifft zu bei einem Sänger, der einen Eingang auf seinem Konto spürt, so oft sein Song gespielt wird oder auch bei Immobilienbesitzern, die durch Mietzahlungen ihrer Mieter ihr Einkommen erhalten.

Ich habe heute leider noch keinen Hut, den ich stehen lassen kann, damit er gefüllt wird.

*

Lange Zeit dachte ich, dass mir der Bankjob Sicherheit gibt und ich diese brauche, um zu (über-)leben. Der verrückte Effekt: Je länger ich in dem Hamsterrad war, desto mehr glaubte ich selbst an diese Geschichte.

Erst mit der Zeit habe ich begriffen, dass es Quatsch ist, alles auf ein Pferd zu setzen. Wie auch Vermögen immer schön diversifiziert angelegt werden sollte, ist doch auch das Leben auf mehrere Säulen zu bauen. Das gesamte schöne Dasein in einen Job und nichts anderes zu stecken ist Schwachsinn.

Dazu kommt noch, dass ich damals meine gesamte Freizeit brauchte, um mich von meiner Tätigkeit bei der Bank zu erholen. Ich war am Freitag Abend so erschöpft, dass ich mindestens den ganzen Samstag benötigte, um Energie zu tanken.

Und ein gewisser Teil meines Gehalts ging für Massagen, Fertigessen und Erholungsurlaub drauf. Je mehr ich arbeitete, desto mehr Mittel brauchte ich, um die Arbeit dann wieder zu vergessen.

Meine damalige berufliche Tätigkeit hatte mein Wesen sehr geprägt. So sehr, dass ich mich eines Tages fragte, ob ich wirklich noch gerne die Person bin, zu der mich der Bankjob gemacht hat.

Vielleicht schaut ein Hamsterrad auch nur von innen wie ein Karriererad aus?

*

Hinsichtlich der Jobfrage war meine Antwort auf die „*Wie würde ich entscheiden, hätte ich nur noch ein Jahr zu leben?*“ Frage jedenfalls klar.

Ich habe die Bank in Frankfurt verlassen und bin um die Welt gereist.

Interludino

mir ging es manchmal schon so,
dass das glück hinter einer entscheidung auf mich wartete,
die ich am anfang gar nicht treffen wollte,
gegen die ich mich fest gewehrt hatte.

hatte ich dann aber den mut aufgebracht,
diesen frischen weg zu gehen,
spürte ich tiefe dankbarkeit und glück.

vielleicht ist es dann wahr,
dass mut am anfang
und
glück am ende steht?

ALLES BRAUCHT
SEINE ZEIT &
SEINEN RAUM.
– (NUR) ICH (NICHT)
AUCH.

Erdäpfel im Lehel

„Ich passe gut mit Jenny zusammen, wir ergänzen uns. Im Grunde bin ich ihr Coach. Und sie hilft mir als Inspiration mit meinen ganzen Firmen".

Leopold ist knapp über vierzig Jahre alt und der Nachbar guter Freunde von mir. Erfolgreicher Unternehmer, der einst für die großen Firmen im Silicon Valley gearbeitet hat. Wir beide haben uns im Laufe der Jahre angefreundet.

Seine Partnerin Jenny ist zehn Jahre jünger und ein fröhliches Energiebündel. Sie strahlt, wann immer ich sie sehe, auch wenn es keinen Grund zu geben scheint.

Jenny kommt aus Norddeutschland und hat den trockenen Humor und die spitze Zunge einer typischen Hamburgerin.

Ich würde sagen, sie *„schwingt*".

Leopold ist da zurückhaltender, beobachtender, introvertierter.

Er steht nun in seiner Küche, nimmt die heißen Kartoffeln aus dem Topf und legt sie im gleichen Abstand auf das Ofenblech.

Dann greift er zur Flasche Olivenöl und träufelt die zähe Flüssigkeit gefühlvoll auf die Erdäpfel.

Jenny ist gerade zuhause in Hamburg und Leopold hat Freunde in sein modernes Apartment im Münchner Stadtviertel Lehel geladen.

Er will nicht allein sein.

*

Ich zupfe kleine Zweige vom Rosmarin Strauch.

„Liebst du sie?", frage ich.

Ohne inne zu halten antwortet er: *„Nein!*"

Das Nein ist so kalt und scharf wie das Messer, das er mittlerweile in Händen hält, um den Rest des Gemüses zu schneiden. Auf seinem Gesicht gibt es weiter keine Regung.

Ich schweige, kümmere mich um die Ernte vom Rosmarin.

„*Ich habe geliebt. Damals, als ich dreiundzwanzig Jahre alt war. Es dauerte ein halbes Jahr und ich habe mir nicht nur die Finger verbrannt. Bedingungsloses Lieben?*", ergänzt er, „*Nie wieder!*"

Heiraten möchte er auch nicht.

*

Ich frage, ob er mit Jenny zusammenbleiben wird.

„*Ich weiß es nicht*", er dreht sich zu mir um, steht nun vor mir: „*Das kann passieren. Ich schließe es nicht aus. Sie hängt emotional mehr an mir als ich an ihr. Eine gute Basis.*"

Leopold schaut mich nun direkt an.

Ganz so als suche er meine Bestätigung.

Die gibt es aber nicht.

Ich lächele ihm ein wenig zu, wende mich dann aber ab und verteile still die abgebrochenen Zweige Rosmarin auf die heißen Kartoffeln.

HAST DU SCHON EINMAL
EINE PHOENIX GESEHEN,
DIE AUS EINEM HAUFEN
KOMPROMISSEN ENTSTANDEN
IST? ICH NICHT. BEI MIR KAM
SIE IMMER AUS DER ASCHE.

Interludino

narben zeigen nicht nur alte verletzungen.

sie zeigen auch, dass du gekämpft hast,
um schwierigkeiten im leben zu meistern.

es steckt eben immer mehr in dir,
als du oft von dir selbst glauben magst.

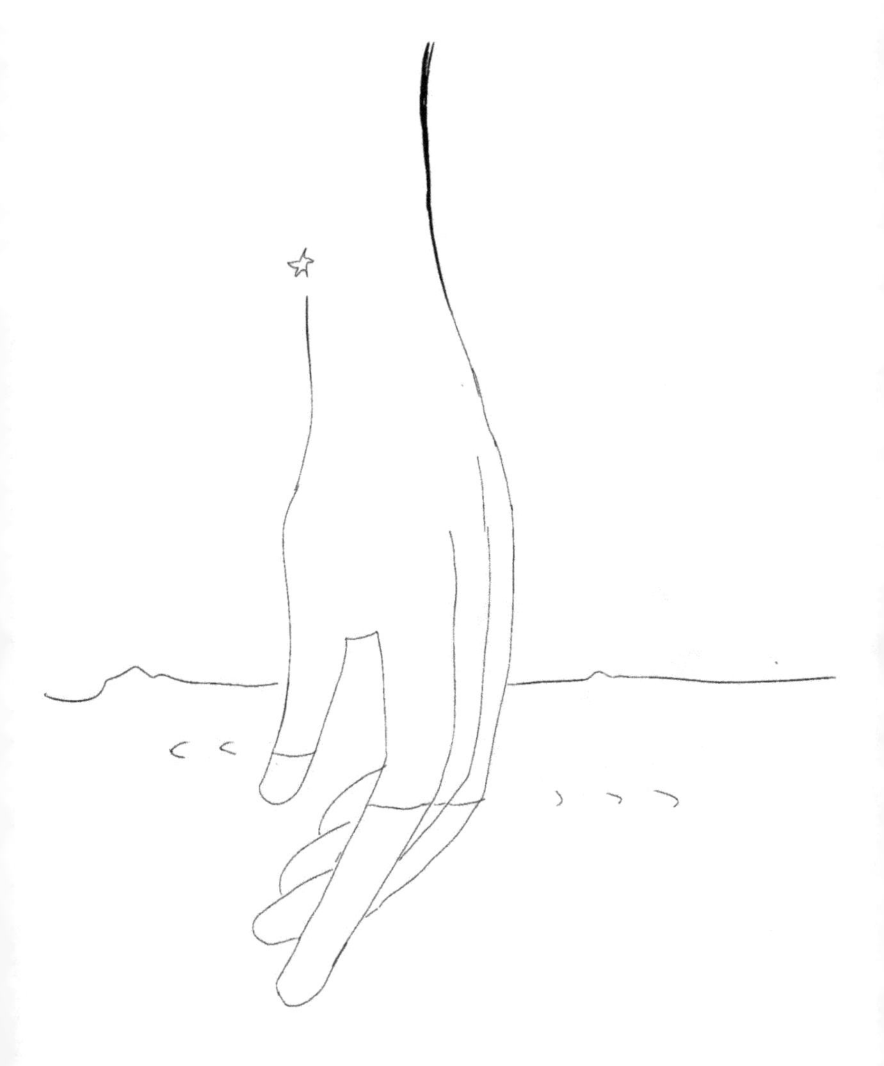

Über das Konzept der Schönheit

Als junges Mädchen musste mein Bauch wegen einer schweren Erkrankung mehrmals aufgeschnitten werden. Zurück blieben mehrere hässliche lange Narben.

Ein paar Jahre später strich ein junger Mann zärtlich und liebevoll das erste Mal über die gleichen Stellen.

In diesem Moment wurde mir schlagartig klar, dass ich mich nicht über äußere Schönheit allein definieren kann.

*

Wie wichtig ist äußere Schönheit?

Zu dieser Frage gehört sicher auch der aktuell erbarmungslose Schönheitswahn, einschließlich Zupfen, Kaschieren, Lasern, Stylen und Vergrößern von Männerwadeln und Frauenbusen.

Wie stark sollten wir dem Drang unterliegen, uns immer neu und weiter zu formen, nur um dann vielleicht eine noch bessere Version des eigenen Selbst zu erschaffen, weil uns die aktuelle nicht mehr sättigt?

Dabei lässt sich Schönheit nicht wirklich auf ein perfektes Äußeres herunterbrechen. Der Boden ist dafür schlicht zu dünn, weil wir alle dem Wandel der Zeit und der Veränderung unterliegen.

Die innere Vitalität, das was uns als Persönlichkeit so spannend macht, ist das Spiel aus Lebensschrammen, -kratzern und -wunden. Und all das, was unseren wahren Charakter prägt, lässt sich auch weder in den Social Media noch auf Photographien ausmachen. Auch, wenn wir es manchmal meinen zu erahnen, so täuscht uns die Außendarstellung doch nur allzu oft.

Unser eigentlicher Charakter, und somit die echte Schönheit unserer Person, liegt in unserem Inneren verborgen und oft erkennen nicht einmal wir selbst sie vollständig. Dabei trägt diese innere Schönheit den zauberhaften Charakter der Zeitlosigkeit in sich.

*

Heute morgen habe ich eine ältere Frau gesehen, die sich auf einer Parkbank um ihren Enkel gekümmert hat.

An der Art und Weise, wie sie mit ihrem Enkel spielte, konnte ich erkennen, wie sehr sie ihn liebte. Wenn die ältere Dame lächelte, wurden ihre Falten betont, die ihr Gesicht umzeichneten.

Mir ging der Gedanke durch den Kopf, wie perfekt jede einzelne der Falten doch war und dass sich hinter jeder dieser Falten sicherlich eine Geschichte verbarg.

Genau das verlieh der Dame ihre besondere, eigene Schönheit.

Interludino

wir alle sind schön geboren,
so wie wir sind.

unser drama liegt einzig darin,
dass wir manchmal irrtümlich meinen,
es nicht zu sein.

was braucht es,
um das ein für alle mal zu ändern?

Wilder Kaiser

Ich stampfe durch hohen Schnee, mein Atem geht schwer.

Es ist kurz vor Sonnenuntergang und vor mir erheben sich, vom Sonnenlicht bereits in rosa gehüllt, die Zackenkonturen des Wilden Kaiser Gebirges. Ich bin bei Freunden in Going, einem österreichischen Bergdorf zu Besuch und mit Rufus am Telefon.

Rufus hat sich vor kurzem aus der aktiven Leitung seines Unternehmens verabschiedet. Vor mehreren Jahren trennten er und seine Frau sich bereits „*friedlich*" und er zog aufs Land. Das alles geschah nach seinem zweiten Schlaganfall, der ihm, so wie er nicht müde wird zu erwähnen, klar gemacht hat, wie befristet das Dasein ist. Beide Schlaganfälle haben wie durch ein Wunder keine Spuren bei ihm hinterlassen.

Sein dunkelgraues Haar trägt er ordentlich nach hinten gekämmt, insbesondere dann, wenn er so wie in letzter Zeit wieder vermehrt Abschläge auf dem Golfplatz übt.

*

Ich kenne Rufus seit ein paar Jahren, habe ihn aber nie in Gesellschaft einer Frau gesehen. Und stelle ihm deshalb jetzt spontan die Frage, ob es eigentlich eine „*Kussfrau*" in seinem Leben gäbe.

Er lacht charmant am anderen Ende der Leitung auf, während ich zurück auf eine kleine Teerstraße trete und kurz aufgrund des gefrorenen Untergrunds ins Wanken gerate.

Rufus ist eine ehrliche Seele, so dass er mir ein „*Ja*" zurück als Antwort gibt.

Interessiert will ich wissen, ob er sich verliebt fühle.

Ich spüre wie er sich Zeit nimmt, um die richtigen Worten zu finden, letztlich aber nur in ein schwaches „*Nein*" hervorbringt.

Und wie dann die „*Kussfrau*" damit umgehe, frage ich ungehemmt weiter. Ob sie nicht in ihn verliebt sei, mehr von ihm möchte?

Er weicht mir nicht aus, erzählt, dass beiden klar ist, dass es sich nur um einen Austausch auf rein körperlicher Ebene handelt.

Ich schweige, während ich das Haus meiner Freunde am Ende der kleinen Straße erkennen kann. Dort sind die ersten Lichter gegen die Dunkelheit der Nacht bereits angegangen.

*

Rufus führt aus, dass ihm Freunde in letzter Zeit öfter das Kompliment machten, dass er gut aussehen würde. Er selbst fühle sich wieder „*männlich*".

„*Das ist doch wichtig, oder?*", stellt er mir abschließend als Frage.

Ich stimme ihm zu.

Dann ist es für ein paar Momente still, bevor Rufus leise sagt: „*Die Dame bekommt etwas für ihre Dienste.*" Er holt kurz Luft, bevor er abschließt: „*Wenn Du weißt, was ich meine…?*"

*

Ich schmunzele und Rufus scheint mein Lächeln zu fühlen: „*Es wäre unfair einer Frau weh zu tun, weil ich mit ihr nur eine körperliche Beziehung eingehen möchte. Deshalb ist es mir lieber, die Karten liegen offen auf dem Tisch. Ich will das mit einer Frau praktizieren, die sich damit auch wirklich fein fühlt und sicher nicht mehr von mir will. Und nach dem Ende meiner Ehe bin ich froh, frei zu sein und mich nicht auf einen Menschen festlegen zu müssen. Ich will aktuell einfach keine feste Partnerschaft.*"

*

Am nächsten Morgen erreicht mich eine Nachricht von Rufus auf meinem Smartphone: *„Das was ich von mir erzählt habe, weißt nur du. Ich lebe ja schon seit mehr als vier Jahren alleine und habe mich nun für eine entspannte Art der Freude entschieden. Es ist doch nicht wirklich verkehrt, das für sich zu arrangieren, ist es nicht so?"*

Ich sende ihm einen fröhlichen Smiley zurück, ziehe mich rasch und warm an und laufe dem Wilden Kaiser für einen ausgedehnten Morgenspaziergang entgegen.

ES IST JA SO, DASS ICH
ANDERE ANTWORTEN BE-
KOMME, WENN ICH ANDERE
FRAGEN STELLE, ANDERE
ERFAHRUNGEN MACHE, WENN
ICH DINGE MAL ANDERS MACHE,
UND EIN ANDERES LEBEN
FÜHRE, WENN ICH ANDERE
ENTSCHEIDUNGEN TREFFE.

Interludino

du brauchst große innere stärke,
um in den harten momenten des lebens
freundlich und gütig sein zu können.

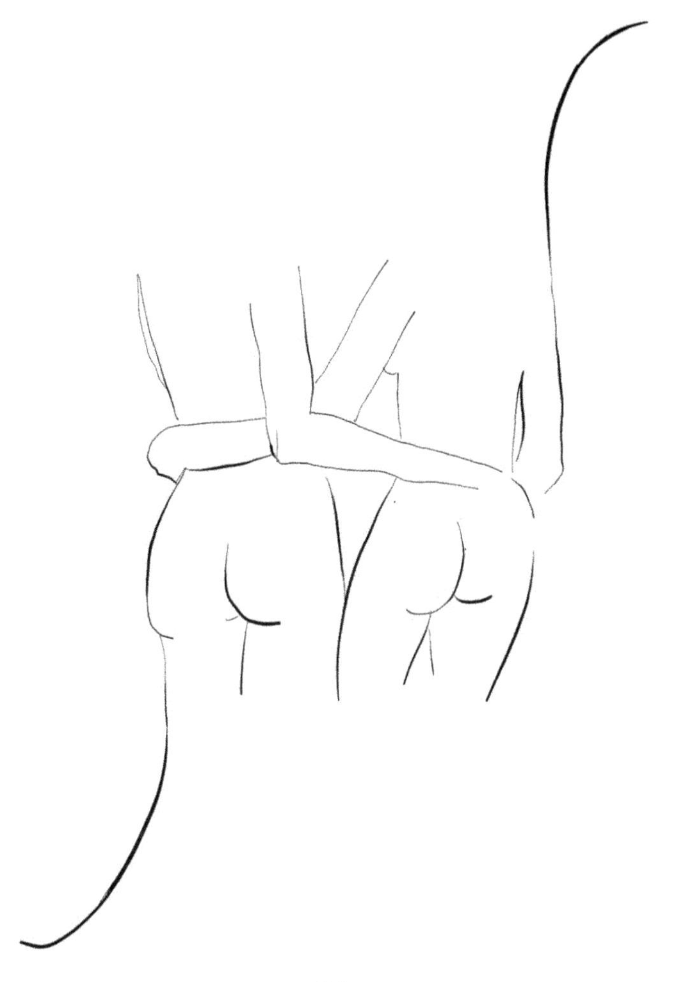

Benchmarking

Oft hören wir, dass wir uns mit anderen Menschen, Freunden, Bekannten, Kollegen oder auch Familienmitgliedern nicht vergleichen sollen, weil ein Vergleich dazu führen könnte, dass wir uns schlecht und demotiviert fühlen.

Schauen wir genau hin, stellen wir zudem fest, dass Vergleiche oft auch unsauber sind, weil die Basis des Vergleichs selten identisch ist und wir faktisch Äpfel mit Birnen vergleichen, was wir im Eifer des Gefechts oder auch nur im Alltag gerne vergessen.

Die Basis ist deshalb verschieden, weil jeder Mensch sein eigenes höchstpersönliches Leben lebt.

Mein Leben ist mit dem eines anderen nicht vergleichbar, so dass ich mich mit jemand anderem überhaupt schon gar nicht richtig messen kann.

Manchmal passiert es auch, dass wir bei Vergleichen mit anderen Menschen dazu tendieren, die anderen abzuwerten, weil wir uns besser fühlen wollen.

*

Gelegentlich glaube ich aber, es ist dennoch gut, wenn wir uns an unserem Umfeld orientieren. Wir können die Menschen, denen wir begegnen und mit denen wir unsere Zeit verbringen, nämlich auch als Lebenslehrer ansehen.

Als Kind ist das für uns bereits ein natürlicher Prozess gewesen. Als wir kleiner waren, studierten wir *„unbewusst“* unser Umfeld, unter anderem die Erwachsenen und deren Verhalten, und richteten unser eigenes Tun dann danach aus. Mit der Zeit und mit dem Älterwerden, haben wir diese Fähigkeit allerdings verlernt.

Dabei muss ich an eine meiner Freundinnen, Elena, denken, die eine so wunderbar ruhige Art hat, dass ich gerne etwas wie sie wäre. Sie bewahrt stets einen ruhigen Kopf, während ich bei Themen, die mich triggern, manchmal kopfverloren und total in meine Emotionen renne. Nicht gut.

Ich lasse mich mit Freude von dieser, ihrer so eigenen Art, mit dem Leben umzugehen, inspirieren. Insofern vergleiche ich mich auch mit ihr. Die Betrachtung hat für mich aber etwas Positives, weil ich meine Freundin in dieser Hinsicht gerne als ein Role Model nehme.

Ich sehe dann immer, wie groß die Differenz in unserer beider Persönlichkeiten ist und spüre, wohin ich mich noch entwickeln kann.

Manchmal frage ich Elena auch direkt um Rat, wie sie manche Themen angehen würde.

Ich richte damit meine Persönlichkeit ganz automatisch etwas in die von mir gewünschte Richtung aus. Elena hat andere Stärken als ich und ich darf dadurch von ihr eben lernen.

*

Deshalb kann es eine gute Idee sein, die Fähigkeiten der Kinder, sich intuitiv nach Lebenslehrern umzuschauen, bei sich selbst zu re-*aktivieren*.

Wir können als Erwachsene an das Thema vielleicht sogar selektiver herangehen, als es Kinder können. Wir sind objektiver und (hoffentlich) emotional weniger abhängig und können uns dadurch die guten und positiven Menschen in unserem Umfeld herauspicken, von denen wir tagtäglich umgeben sind.

Wenn wir wollen, können wir uns dann auch die Frage stellen:

In welcher Hinsicht wäre ich gerne ein bisschen so wie der andere?

*

Es wäre schade, nicht davon zu profitieren.

Und gibt es kein schöneres Kompliment für unser Gegenüber, als in bestimmten Charakterzügen ähnlich wie sie werden zu wollen?

Alles schön moderat versteht sich. Der Ansatz läuft nämlich definitiv schief, wenn unser Antrieb Neid, Eifersucht oder vergleichbares ist.

Es kommt auf die Art der Betrachtung und die Energie an, mit der wir auf unsere Lebenslehrer schauen. Und beides liegt erfreulicherweise in unseren Händen.

HAST DU SCHON EINMAL
BLUMEN BEOBACHTET?
SIE BLÜHEN EINFACH &
KÜMMERN SICH NICHT
UM IHRE NACHBARN.

Megathema: Baby!

Es ist ein lauer Sommerabend und ich sitze meiner Freundin Alva in einem Restaurant in Schwabing gegenüber. Die Straße wirft noch die Hitze des Sommertages von sich.

„*Ja, diese Frage treibt uns doch alle um!*“ , sagt sie.

Ich habe das Thema Baby aufgeworfen.

Alva ist etwas älter als ich und hat mit ihrem Lebenspartner in den letzten drei Jahren intensiv versucht, “*schwanger*” zu werden. Beim Erzählen wechselt sie in den Plural, “*Wir wollen schwanger werden*”.

Weil ihr Freund in Berlin arbeitet, hat er sein Sperma praktischerweise gleich in München einfrieren lassen. So ist es einfacher für sie, wenn der Tag ihrer monatlichen Fruchtbarkeit da ist.

*

Sie haben bereits verschiedene Methoden probiert.

Alva hat sich mehrfach Hormone gespritzt, um viele fruchtbare Eizellen zu produzieren und sich diese dann mit einer langen Nadel entnehmen lassen. Die so gewonnenen Eizellen wurden dann mit dem Sperma ihres Freundes in der Petrischale befruchtet und bei ihr wieder eingesetzt.

Das haben sie im letzten Jahr allein bereits drei Mal gemacht.

Als Alva mir davon erzählt, reißt sie ihre Hände in einen mehr als zwanzig Zentimeter langen Abstand und flüstert mir zu: „*Was tat das weh!*“

Und dann hat Alva auch probiert, sich gar keinen Hormoncocktail zu verabreichen und sich sein Sperma „*einfach so*“ einsetzen lassen.

Es brachte aber alles nichts.

Sie wurden bislang nicht schwanger.

*

Alva empfindet eine kleine Dosis Schmerz, wenn sie Mütter mit ihren Kleinen sieht. An der Kasse beim Supermarkt oder beim Spazierengehen. Eigentlich wollte sie diesen ganzen künstlichen Befruchtungsprozess nicht, fügt sie bestimmt hinzu. Sie und ihr Partner hätten sich ursprünglich dazu entschieden, das Baby-Thema nicht allzu verbissen anzugehen.

Leichter gesagt als gelebt.

Alva berichtet weiter.

Nun von einer Freundin, die seit mehr als acht Jahren wirklich alles versucht, um Mutter zu werden. Ein Vermögen wurde auch hier bereits investiert.

Aktuell bleiben ihrer Freundin noch zwei kleine frische Eizellen.

Diese liegen auf Eis und Alvas Freundin hat nur noch ein paar Monate bis zu ihrem achtundvierzigsten Geburtstag. Sie sieht in den eingefrorenen Eizellen ihre letzte Chance, um in diesem Leben ihren Mutterwunsch doch noch zu erfüllen.

*

Als Alva mir von ihren Bemühungen erzählt, muss ich an meinen Freund Paul denken.

Als ich Paul vor kurzem auf einen Apéro traf, erzählte er mir, dass ihn „*nur*" noch vierzehn Lebensjahre von seinem sechzigsten Geburtstag trennten.

Und entscheide er sich heute für ein Kind und klappt es, so der innige Wunsch seiner Ehefrau, gingen seine noch verbleibenden „*besten*" Jahre für die Kindererziehung drauf.

Das stresst Paul tierisch, gerade jetzt, wo er beruflich entspannen könne, fügt er hinzu. Und würden ab einem gewissen Alter, vielleicht so um die Sechzig, nicht so komische Dinge wie Altersseltsamkeit oder auch Altersdemenz beginnen?

„*Warum soll ich die schöne Zeit bis dahin für die Fürsorge und die Erziehung von Kindern verwenden?*“, so seine provokante Frage an mich.

Paul bohrte weiter.

Was er machen solle, wenn ihm sein eigenes Kind wahnsinnig auf die Nerven gehe? Sei ja im Bereich des Möglichen.

Und was, wenn er es nicht gerne hätte, wenn sich sein Kind mit vierzehn Jahren ein übles Tattoo samt Piercing stechen lässt? Vielleicht ist es mit Mitte Zwanzig dann sogar ein Sorgenkind?

Paul nannte mir Studien, die belegen, dass Eltern nicht per se im Leben zufriedener seien. Sie fühlten sich aber zum Glücklichsein mehr verpflichtet, weil sie ja alles „*richtig gemacht*" hätten.

Kinder haben allerdings nicht die Aufgabe, ihre Eltern froh zu machen. Das müssten diese schon selbst schaffen.

Damit schloss Paul seinen Monolog über Kinder mir gegenüber ab. Er ist Unternehmensberater, so dass er, wenn er eine Sache betrachtet, diese bereits von Berufswegen vollumfänglich durchdenkt.

Seine letzte Anmerkung ist ein Zitat eines Bekannten von ihm: „*Ich liebe meine Kinder und finde es toll, Vater geworden zu sein. Nur leider fällt es mir jetzt verdammt schwer, meine Frau zu verlassen!*“

Sicher auch so ein Thema.

Aber ein anderes.

*

Es beginnt dunkel zu werden. Am Tisch im Restaurant neben Alva und mir wechseln die Gäste.

Es stimmt. Kinder sind Herzwärmer. Sie bringen mich oft zum Lachen, verhelfen mir zur Inspiration und lassen Zeit und Raum vergessen.

Ich erzähle Alva von meinem Patenkind, das strahlend „*Coco!*" ruft, wenn es mich sieht und in meine Arme fliegt. Ich liebe es, das Mädchen einmal um meine Achse zu wirbeln und fühle mich dann gebraucht und geliebt.

Die offene Umarmung und Freude der Kleinen läuft geradewegs runter in den Kern meines Herzens. Mein Ego wird dabei poliert.

Kinder sind ohne Zweifel ganz toll, aber eben auch nicht nur.

Sicher sind die Gefühle zum eigenen Kind ambivalent: Vielleicht möchte man sie in manchen Momenten ohne Rückfahrschein auf den Mond schicken? Zum Beispiel dann, wenn sie ohne ersichtlichen Grund und ohne ein Ende in Sicht lauthals in den oft unpassendsten Momenten schreien.

Vielleicht ist es aber auch so, dass die Liebe zu ihnen in anderen Augenblicken so einzigartig ist, dass sie uns ganz demütig und dankbar vor Freude werden lässt?

Beides? Ambivalenz eben!

*

Alva nimmt einen tiefen Schluck Weißwein aus ihrem Glas und nickt.

Ja, Alva kann sich auch ein Leben ohne Kinder gut vorstellen, denn es bleibt ein wunderbares Leben. Ob mit oder ohne Nachwuchs.

Interludino

weißt du,
dass dich,
wenn du innerlich stark bist,
niemand einfach so umhauen kann?

ES GIBT EINFACH
EIN PAAR DINGE
AN DIR, DIE
MICH <u>VÖLLIG</u> VER-
RÜCKT MACHEN!

Was mache ich am heutigen Tag?

Eine wunderbare und zugleich so einfache Übung, mich selbst zu finden, besteht darin, zu hinterfragen, womit ich jeden Tag meine Zeit verbringe:

Was mache ich gerade?

Ich stelle mir die Frage, ob ich die Handlung vornehme, weil ich mich bewusst dafür entschieden habe und weil ich voller Achtsamkeit die mir wertvollen Momente meines Lebens sowie einen Teil meiner Lebensenergie in diese Aktivität stecken möchte.

Oder ob ich die Aktivität verfolge, weil ich einem bereits verinnerlichten Verhaltensmuster nachgehe, das in Wirklichkeit schon längst nicht mehr zu mir gehört, das ich vielleicht sogar blind übernommen habe und nun in Frieden loslassen darf.

ICH BIN BEREITS
TIEF GEFALLEN,

DOCH ES GIBT NOCH
1 KELLERETAGE!

Take it easy

Als ich ein kleines Mädchen war, wollte ich unbedingt Tierärztin werden. In dem Dorf in Bayern, in dem ich geboren wurde, gab es damals noch viele Bauernhöfe. Ich wuchs zwischen Kühen, Pferden, Hühnern und dem ganzen anderen Rest der bayerischen Tierwelt auf.

Irgendwo auf dem Weg ins Erwachsenenalter habe ich diesen Wunsch verloren, mit sechzehn Jahren dann in den Sommerferien in einer Kanzlei gearbeitet und mich voller Elan und Leidenschaft für ein Studium der Rechtswissenschaft entschieden. Mir macht es große Freude über Fragen der Gerechtigkeit nachzudenken, zu analysieren und mir eine Meinung zu bilden.

Gleichzeitig habe ich immer schon gemalt und gezeichnet. Den typischen Anwaltsberuf habe ich im Anschluss an meine Universitätsausbildung aber genauso wenig gewählt wie etwa ein Design-, Kunst- oder Tierarztstudium nach dem Abitur.

Ich habe angefangen, in Frankfurt für ein internationales Unternehmen zu arbeiten.

*

In der Zeit beschäftigte mich oft der Gedanke, ob ich nicht doch in der kreativen Welt besser als im Wirtschaftsleben aufgehoben wäre.

Mein Geist spielte Ping-Pong: „*Hätte, hätte, Fahrradkette.*“ Ganz so, als würde es nur ein richtiges Leben geben und so, als müsste ich mich jetzt sofort für die ein oder andere Richtung entscheiden, weil diese dann final in Stein gemeißelt ist und den Rest meines Lebens bestimmen würde.

Dieser Druck, den ich mir letztlich selbst machte, fühlte sich nicht gut an.

Es hat seine Zeit gebraucht, bis ich vom Leben begriffen habe, dass es immer mehrere valide Lebensmodelle für einen jeden von uns gibt und dass das eine nicht schlechter als das andere ist und jedes seine Berechtigung hat.

Kreativ oder nicht kreativ? Unternehmen oder doch Bohème? Familiengründung oder nicht?

Eine falsche oder richtige Entscheidung gibt es in diesem Zusammenhang nicht, weil stets mehrere *„richtige"* Leben für einen jeden von uns vorhanden sind.

*

Es stimmt, dass wir uns zumindest punktuell nur für ein Leben entscheiden können. Der wichtige Aspekt dabei ist aber, dass diese Entscheidung einzig in dem jeweiligen Moment valide ist.

Über die Zukunft, das, was in einem Jahr oder in zehn Jahren sein wird, wissen wir nichts. Wir sind frei, uns diese künftige Zeit zu gestalten. Wir können in der Zukunft stets neu wählen und uns auch neu für ein Lebensmodell entscheiden, das ein anderes als das bisherige sein kann.

Sicherlich wird es schwierig sein, mit über vierzig Lebensjahren noch einmal frisch mit einem Medizinstudium zu beginnen, ausgeschlossen ist es aber nicht. Unsere westliche Welt hält so viele Möglichkeiten und Chancen bereit, dass wir diese auch leben dürfen, wenn wir es nur wollen und, wichtig, uns auch trauen.

*

Somit habe ich für mich erkannt, dass ich mich zwar aktuell für ein Lebensmodell entschieden habe, aber es mir frei steht, mich morgen oder auch in ein paar Jahren neu auszurichten. Vielleicht ziehe ich eines Tages in ein Tiny Home oder auf einen Bauernhof, widme mich ausschließlich der Kunst oder investiere doch noch einmal meine Zeit und Energie, um eine Green Company nach vorne zu bringen.

Ich habe keine Kinder, aber ich bin davon überzeugt, dass ein Wechsel der Lebensmodelle auch mit Nachwuchs möglich ist.

Meine ehemalige Kollegin Florentina, alleinerziehende Mutter von mittlerweile zwei erwachsenen Kindern, sagte mir dazu einmal: „*Wenn du etwas wirklich willst, dann geht das auch mit Nachwuchs.*"

Es ist sicherlich mehr Mut notwendig, weil andere Verpflichtungen bestehen, wenn wir die Verantwortung auch für andere Menschen tragen. Aber oft, sind wir ehrlich, sind Kinder eben auch eine Ausrede dafür, dort zu bleiben, wo es warm und gemütlich ist.

Es gibt wunderbare Beispiele, in denen mit Schwung eine Änderung eingeleitet wird. So hat Florentina den Sprung in die Selbständigkeit trotz Trennung von ihrem Partner und zwei kleinen Kindern gewagt und ist in eine neue Stadt gezogen.

*

Ich habe mir für mein Leben fest vorgenommen, mich bestmöglich danach zu orientieren, was machbar ist und die Chancen, die mir mein Leben offenbart, auch anzunehmen.

Das führt natürlich gelegentlich auch dazu, dass ich mich selbst verlaufe und meine Energie ins vermeintlich Mögliche stecke, nur um am Ende festzustellen, dass es in Wirklichkeit das Unmögliche war.

Aber auch dann, wenn das passiert, ist es eine wertvolle Erfahrung für mich. Auch, wenn ich von manchem persönlichen Einsatz rückblickend hätte früher Abstand nehmen können, so musste ich bis zu meiner höchstpersönlichen Grenze gehen, um mir selbst zu sagen: „*Bis dahin und nicht weiter.*" Denn es bleibt mein Leben, nur ich trage die Verantwortung dafür und ich möchte eben nicht rückblickend sagen müssen „*Hätte, hätte, Fahrradkette.*"

Es ist für mich persönlich einfach leichter, mit Niederlagen umzugehen und diese in positive Energie zu wandeln, als eine Sache gar nicht erst zu versuchen und mich später womöglich über den Nichtversuch zu ärgern.

WIE KANN ICH ZULASSEN,
DASS DU MIR ~~HIN~~ WIEDER
DAS GEFÜHL GIBST, DASS
ICH DIR WICHTIG BIN,
NUR UM MICH DANN
~~[illegible]~~ WIEDER ZU
IGNORIEREN?

Wenn es nur ´ne Story ist, glaube ich sie trotzdem

Erbarmungslos brennt die Sonne auf den weißgelben Wüstensand der Nevada Ebene im westlichen Teil der USA. Ich radle auf meinem Cruiser Bike und sehe mein Ziel, den Tempel, das zentrale Element des Burning Man Festivals, näher kommen.

Es ist ein Zwiebelkonstrukt aus Holz. Gefühlt etwa zwanzig Mal höher als ich es bin, breit und einladend gebaut und dazu luftig in seiner Bauweise.

Ich bin allein zu dem Festival gereist, weil ich manchmal gerne nur mit mir reise, um mich noch mehr auf das, was da ist, einzulassen. An diesem Nachmittag spüre ich den inneren Ruf, mir den Tempel näher anzusehen.

Sobald ich ihn betrete, verstummen plötzlich alle meine Gedanken. In der Mitte des Tempels befindet sich ein meterhoher, breiter Altar. Er ist zwiebelartig gebaut wie das Äußere, nur kleiner. Das Holz des Altars verwinkelt sich, es schlängelt sich in Kurven nach oben. In mich gekehrt umkreise ich ihn langsam und nehme wahr, was dort in den vergangenen Tagen von Besuchern angebracht wurde: Photos von Verstorbenen, toten Tieren, getrennten Lieben. Symbole aller Art von getrockneten Blüten bis hin zu bunten Vogelfedern.

Ich bin nicht allein, denn um mich herum knien Menschen im Sand.

Sie weinen, trauern, sind still, mucksmäuschenstill.

*

Die Stimmung erinnert mich an das, was ich auf der *Kumph Mela* in Indien (einer der größten religiösen Festlichkeiten überhaupt), im französischen Lourdes oder auch bei spirituellen

Zeremonien im balinesischen Ubud empfunden habe. Sie ist voll geballter, tiefer Energie.

Ob ich will oder nicht, sie verbindet und öffnet mein Herz.

Ohne Vorankündigung sucht plötzlich eine erste Träne ihren Weg über meine Wangen. Weitere folgen und ich lasse sie laufen, ohne sie wegwischen zu wollen.

Ich weine, aus tiefem Herzen, weil Kummer von ganz unten gesehen und befreit werden will. Ich lasse es mit mir geschehen, tauche ein und weiß auf einmal, in einem Moment der Klarheit, seine Ursache.

In den letzten Jahren habe ich mich immer wieder gefragt, was eigentlich wirklich überwiegt: Ist es das Böse oder das Gute? Was, wenn das Gute nur ein Spiel des Bösen ist?

Was, wenn wir uns mit dem Guten nur eine imaginäre Geschichte erzählen, um an etwas, was faktisch nicht ist, glauben zu können, um dadurch leichter mit dem Übel des Lebens umzugehen?

Ja, ich bin in Zweifel geraten, habe angezweifelt und bin über diese Frage verzweifelt. Mein ganzes Leben war darauf aufgebaut, dass die Basis gut ist.

Klingt es vielleicht nicht nur naiv, sondern ist es das in Wirklichkeit auch?

*

Ich weine so lange, bis keine Träne mehr kommt und lasse meine Augen weiter geschlossen, weil nur das mir erlaubt, tiefer nach innen zu schauen. Erst als meine Wangen trocken sind, öffne ich sie langsam.

Ich sehe mein Umfeld verschwommen, dann klarer.

Meine Blickrichtung nach vorne verändere ich nicht und als ich Umrisse, Farben und Formen von dem erkennen kann, was gerade passiert, kribbelt meine Haut.

Erstaunen und Verblüffung über das Leben macht sich breit.

Direkt vor mir hat einer der unzähligen Aktionskünstler in heller, roter Farbe zwei Worte auf dem Holz verewigt:

„Love wins“

Mit einem Gefühl der absoluten Bestimmtheit geht er ein paar Meter weiter und setzt erneut zum selben Schriftzug an.

Ja, so denke ich in diesem Moment vom Leben begriffen zu haben, die Liebe und das Gute gewinnen und selbst wenn es nicht so ist, will ich, dass es so ist.

Ich will daran glauben.

Auch, wenn es eben nur eine Story ist, die ich mir erzählen möchte, damit ich im Sumpf des Lebens nicht verzweifle. Selbst dann: Ich will daran glauben.

Es ist die Einstellung, die zählt und das, was wir der Sache an Wert beimessen.

Ich stehe mittlerweile ausgeweint im Tempelbau des Burning Man.

Die Liebe siegt.

Dies ist meine persönliche Wahrheit.

Und auch, wenn niemand anderes diese teilen sollte, so tue ich es trotzdem.

Interludino

du kannst muskelkraft so gut trainieren.
siehst den fortschritt sogleich.

doch mit deiner mentalen kraft,
deinem mut, durchhaltevermögen und
so vielem mehr,
ist es schon schwerer.

aber auch da hilft dir übung.
übe bis aus deinem tun eine regel für dich wird.

deine mentale kraft kommt
nicht nur aus deinem verstand,
sondern auch
aus deinem herzen.

GELEGENTLICH

FRAGE ICH MICH, HABE ICH ÜBERHAUPT EINE AHNUNG VOM LEBEN?

Nacktbaden

Es ist ein Sommertag im Juli und ich übernachte auf der Westseite am Ufer des Starnberger Sees.

Ich hatte im angrenzenden Wald mein Zelt für die Nacht aufgebaut. Laufe jetzt zum Wasser.

Die Luft ist noch kühl. Ich trage alles Wärmende, was ich dabei habe. Selbst meine Wollmütze. Und zittere trotzdem vor Kälte.

*

Die Sonne erhebt sich nun am Horizont. Es ist erst kurz nach halb fünf Uhr frühmorgens. Die Zugspitze ist erkennbar. Die Schneefelder in den Alpen ebenfalls.

Der Steg reicht bis weit in den See hinein. An dessen Ende werfen die ersten Sonnenstrahlen bereits tiefe Schatten der Bootspflöcke auf die Holzplatten.

Auf der Seeoberfläche bemerke ich feinen Dampf. Es ist die aufsteigende Wärme des Wassers.

Die Luft ist kühler als der See. Und dieser liegt nun verlockend ruhig und schön vor mir.

Alles ist in ein goldenes Licht gehüllt. Paradiesisch.

*

Ich streife meine Kleidung ab. Genieße die zunehmende Wärme der Sonnenstrahlen auf meinem Körper.

Gehe die kleine Holztreppe hinunter, die vom Steg zum Wasser führt. Stecke meine Zehenspitzen hinein.

Mit einem kräftigen Schwung vom Treppenrand lasse ich mich dann weiter in den See treiben. Halte meinen Kopf lange unters Wasser. Spüre, wie die Kühle meinem Geist sofortige Klarheit einhaucht.

Ich puste, noch nicht aufgetaucht, meine gesamte Luft heraus.

Sie steigt in kleinen Bläschen vor mir nach oben, während ich die atemlose Leere meines Körpers geniesse.

*

Ich öffne erneut meinen Mund, so wie es Fische gelegentlich machen, und fülle ihn mit Seewasser. Bin verliebt in den herben Geschmack der Natur.

Steige nun langsam auf, bevor ich eine Runde im See schwimme und die Bewegungslosigkeit der Wasseroberfläche damit still zum Erschüttern bringe.

Zurück auf dem Steg, strecke ich mich so aus, wie ich bin.

Nackig.

*

Es ist noch nicht einmal fünf Uhr morgens, als ich die ersten Schwimmgäste höre und die Vibration auf den Holzplatten unter mir spüre.

Ich greife zum Badetuch, hülle mich ein und betrachte nochmals den See, sein Lichtspiel und das Alpenpanorama.

Kann es sein, dass der Blick in die Natur stets voller spannender Entdeckungen und schöner als jeder Kinofilm ist?

Dann drehe ich mich um und gehe voller Energie dem neuen Tag entgegen.

BAR FUß AUF NACKTEM
GRASS

121

WIR KÜSSEN IM SOMMER-
REGEN

Interludino

hin und wieder tut es mir gut,
das ganze sein zu hinterfragen.
aber nicht zu oft,
denn je mehr ich darüber nachdenke,
desto verwirrter bin ich,
beginne anzuzweifeln, sorgen kommen,
werde negativer, werte mich ab
und sabotiere mich.

deshalb lebe ich nun,
so oft es geht,
im schlichten pragmatismus.

wenn möglich,
nicht zu viel denken.
sondern einfach handeln.
und raus aus dem kopf.

Warmes Duschwasser

Warmes Wasser breitet sich über meinen Körper aus.

Ich habe die Augen geschlossen und genieße das sanfte Gefühl von Nässe auf meiner Haut.

Für einen kurzen Moment bleibt die Zeit für mich stehen. Hinter mir liegt eine fast achtzehnstündige Busfahrt von Rom zurück nach München.

Ich hatte ein falsches Rückflugticket gebucht. Nämlich gar keines. Die Strecke von München nach Rom dafür gleich zwei Mal. Das fiel mir leider auch erst am Tag der Abreise in Rom auf.

Der Nachtzug war zwischenzeitlich ausgebucht, so dass einzig der Fernbus für eine Heimkehr am gleichen Tag übrig blieb.

Die darauffolgende Nacht verbrachte ich im Sitzen im Bus. Die Luft im Inneren war an diesem Sommertag stickig, heiß und verbraucht. Zu allem Übel fiel auch noch die Klimaanlage aus.

*

Kurz nachdem ich den Duschhahn in meinem Badezimmer zudrehe, klingelst Du bereits. *„Du bist schneller da als gedacht!“* , schießt es mir durch den Kopf.

Da der Aufstieg in den fünften Stock zu mir ohne Lift Zeit in Anspruch nimmt, hüpfe ich nassen Schrittes zur Tür und lehne diese für dich leicht an, bevor ich zum Ankleiden in mein Schlafzimmer verschwinde.

In der Zwischenzeit betrittst du zum ersten Mal meine Wohnung.

Ich rufe dir zu, dass du dich unbedingt so wie zuhause fühlen sollst. Du beginnst, in meinen Klaviernoten zu blättern. Entdeckst Stücke von dem Komponisten Gonzales. Auch einer deiner Lieblingsjazzmusiker, wirst Du mir kurz darauf sagen. Du summst leise eine seiner Melodien vor dich her.

Ich höre Dich.

Du scheinst glücklich, eine weitere Gemeinsamkeit zwischen uns entdeckt zu haben. So sehe ich dich, als ich kurz darauf mit meinem weißen Turban, unter dem sich mein feuchtes Haar versteckt, auf dich zukomme.

Wir beide haben uns eine Woche lang nicht gesehen.

Es ist erst unsere insgesamt vierte Begegnung überhaupt.

Du reißt schwungvoll deine Arme auf und scheinst zu warten, dass ich einen weiteren Schritt auf dich zugehe. Doch ich mache erst einmal gar nichts. Habe plötzlich auch gar nicht vor, mich überhaupt nochmal zu bewegen. Mustere dich ungewollt.

*

Eine Woche ist eigentlich nichts und zugleich so viel. Distanz, andere Begegnungen dazwischen, frische Gedanken, das Leben in Rom. Ich spüre plötzlich, dass „*du*“ oder „*es*“ nicht der oder das Richtige ist. Weder für den Moment, noch für eine Partnerschaft.

Mir wird bewusst, dass ich mich nach der aufwendigen Heimreise mehr nach Ruhe sehne als nach dir.

Und vor allem schon gar nicht danach, deinen Erwartungen jetzt zu entsprechen.

Ich freute mich auf dich, ja. Aber dass du so schnell im Flur meiner Wohnung stehen würdest, das überfordert mich.

Das spüre ich jetzt, als du so vor mir stehst.

In diesem Moment wird mir klar, dass ich in dich schlicht nicht verliebt bin.

Ich beende den Beginn von Mehr mit dir konsequenterweise noch innerhalb derselben Stunde.

WENN DER PUNKT
GEKOMMEN IST, AN
DEM MAN SICH SELBST
NICHT MEHR LEIDEN
KANN, (MUSS) WIRD
MAN HANDELN.

Ein auf zum Nirgendwo führt auch zum Ziel

Während meines Urlaubs auf Sizilien habe ich mich auf eine Vespa gesetzt und bin einfach losgefahren.

Ich hatte keinen Plan und auch keine offene Google Maps App neben mir. Ich bin raus aus Palermo, einen Hügel hoch, dann wieder einen runter. War auf Straßen, die durch alte Dörfer führten und kurzfristig in einer Sackgasse endeten.

Weiter ging es immer.

So fand ich mich eine kurze Weile später auf einer wunderbaren Anhöhe inmitten von Auberginen- und Tomatenfeldern wieder, die mir eine einzigartige Aussicht auf die Südküste der Insel gab.

Ich blieb für Stunden unter einem alten Olivenbaum, schlug mein Buch auf, blickte regelmäßig davon hoch und in den Horizont und genoss die Ruhe und den Moment.

*

Wenn nun ein alter Schafhirte des Weges gekommen wäre und ich ihn gefragt hätte „*Entschuldigen Sie bitte, aber bin ich irgendwo?*“, dann hätte dieser wahrscheinlich nur verdutzt den Kopf geschüttelt. Vielleicht hätte er geantwortet, „*claro*“ und er hätte mir den Namen des anliegenden Dorfes genannt.

Ich hatte an dem Tag kein Ziel und bin dennoch angekommen. Und zwar da, wo ich mich wunderbar fühlte.

Der Punkt ist, ich bin nicht im „*Nirgendwo*“ gelandet, auch wenn es so oft heißt, ohne Ziel komme man nie an.

*

Wo wäre ich denn nur rausgekommen, hätte ich ein konkretes Ausflugsziel gehabt?

Da ich die Insel noch nicht kannte, wäre ich wahrscheinlich dort angelangt, wo mich andere hingeschickt hätten. Zum Beispiel in einer der Ausgrabungsstätten, die von Touristen überlaufen in der Sommersonne Italiens eine noch größere Hitze ausstrahlen oder in einem vom Lonely Planet gehypten, überfüllten Café mit viel Brimborium in Palermo.

Ich hatte mir aber selbst keinen bewussten Endpunkt gesetzt und bin auf meiner Vespa sitzend auch hervorragend mit diesem Gedanken zurechtgekommen. Und war schließlich da, wo es mir am besten gefällt.

Demnach kann ich wirklich ankommen, auch wenn ich kein konkretes Ziel vor Augen habe.

SO WIE
DU ÜBER DICH
SELBST SPRICHST,
KOMMT ES
MANCHMAL
1 MISSHANDLUNG
GLEICH.

Interludino

wenn du dich schwach fühlst,
denke daran,
du bist nicht allein.

mir geht es oft so wie dir.
und weißt du was?

ich sage mir dann oft:
wenn ich schwäche spüre,
dann gibt es auch stärke in mir.
weil das die andere seite der medaille ist.
und wir stets beides in uns tragen.

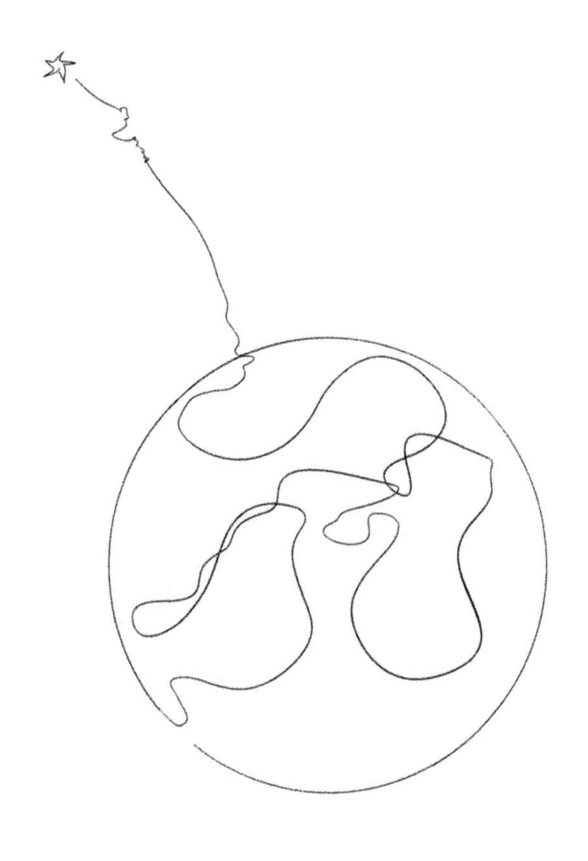

Erdbeeren in Paris

Damals, nach Ende unserer Studienzeit, verbrachten Frederik und ich wunderbare gemeinsame Jahre als Liebende in der französischen Hauptstadt und bis heute verbindet uns eine tiefe Freundschaft.

Mehr als ein Jahrzehnt später sind wir nun das erste Mal gemeinsam zurück in der Stadt, in der wir uns einst gefunden hatten: Paris.

Frederick nimmt mich zu einem Technology Start Up Empfang in der Schweizer Botschaft mit. Nach den Eröffnungsreden werden die Flügeltüren hinaus in den einladend großen und prunkvollen Garten geöffnet.

Die mehrere hundert Gäste umfassende Gesellschaft strömt ungehalten ins Freie. Dort werden bereits gut gefüllte Champagner Gläser und üppige Häppchen gereicht.

Ich ziehe mich unauffällig etwas zurück und suche eine ruhige Ecke auf. Fühle mich in dem Trubel nicht ganz wohl und möchte lieber beobachten, als mit fremden Menschen ins Gespräch zu kommen.

*

Aus der Ferne entdecke ich Frederick. Er sucht nach Investitionsmöglichkeiten für das Unternehmen, für das er arbeitet.

Schon bald gleitet mein Blick zu den anderen Gästen und verliert sich bei dem ein oder anderen gedankenverloren.

Auf einmal sehe ich zwei Fruchtspiesse, jeweils Erdbeere, Traube und Ananas, die fröhlich vor meiner Nase baumeln. Dahinter blinzelt Fredericks unverkennbar charmantes Lächeln hervor.

„Ich hatte Sorge, dass du als Veggie heute Abend leer ausgehst!“ , sagt er zu mir.

Gerührt drücke ich ihm einen innigen Kuss auf seine Wange.

*

Es sind oft die kleinen Dinge im Leben, die zählen, und die kleinen Aufmerksamkeiten, die zeigen, dass man an den anderen gedacht hat.

Das Leben besteht manchmal eben auch nur aus einer bloßen Aneinanderreihung kleiner Freuden, Wunder und Überraschungen und genau das macht es auch so herrlich einzigartig.

Interludino

ich spüre deinen atem
auf meinem gesicht,
spüre wie sich unsere nasenspitzen
für das erste mal sanft treffen.

ich möchte diesen moment
für immer verewigen,
halte die luft unmerklich,
nur um dir noch ein bisschen näher zu kommen.

endlich treffen sich unsere lippen,
weich, zart und neugierig,
sich tiefer berührend,
sich langsam weiter erkundend.

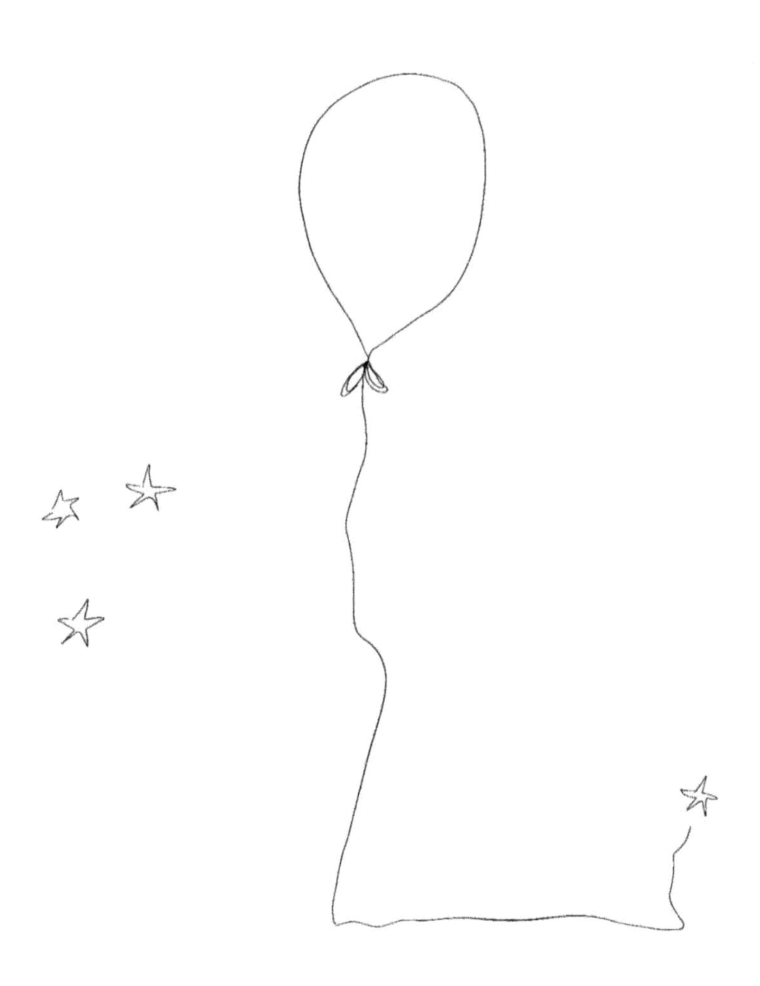

i

am missing
you
and i like that
feeling.

Friedensschluss mit der Ungewissheit des Lebens

Caspar und ich waren beide einmal bei einem internationalen Bankinstitut in der Strategie Abteilung zu einer Zeit tätig, als Banken noch golden waren. Er hat recht schnell festgestellt, dass Konzernluft einfach nicht das Richtige für ihn ist und einen eigenen Finanzfonds aufgelegt.

Ich radele durch den Englischen Garten als Caspar mich anruft. Headset ins Ohr geschoben, beginnt unser Gespräch gerade dann, als ich den Hügel des Monopterus Monuments passiere.

Caspar ist von einer Gesellschafterversammlung seiner Züricher Firma heimgekehrt und erzählt mir von der Sorge um seinen noch ungeborenen Sohn.

*

Der Kleine strampelt schon lebhaft im Bauch der Mama, dennoch begleitet die werdenden Eltern die ständige Angst, er könne, wie die Tochter zuvor, einen plötzlichen Kindstod erleiden. Das Herz des ungeborenen Mädchens hatte einfach aufgehört zu schlagen.

Während ich mit meinem Fahrrad am Eisbach angehalten habe, um mich ganz auf das Gespräch mit Caspar zu konzentrieren, gehen meine Gedanken kurz zurück an diesen sonnigen Maitag von vor zwei Jahren.

Ich war auf einer Schulung im Norden Bayerns, als wir beide uns austauschten. Caspar schrieb mir kurz nach halb acht morgens, er genieße gerade einen Café in der Sonne. Ich erkundigte mich beiläufig, wie es dem Baby geht. Rückblickend ist es seltsam, dass ich nach dem Baby und nicht nach ihm fragte.

Letzteres wäre offensichtlicher gewesen, aber aus irgendeinem Grund tat ich es nicht.

Um halb zehn Uhr erreichten mich nur folgende Worte „*Kind. Tot.*“

*

Caspars Stimme ist heute besonders weich, als er mir erzählt, dass er seit diesem Ereignis darauf achtet, noch mehr im Moment zu leben.

So freue er sich jedes Mal, wenn er seine Hand auf den Bauch seiner Freundin legen kann, um die Vitalität seines Sohnes zu spüren. Die Ungewissheit sei sein ständiger Begleiter geworden und er lerne immer mehr, mit ihr umzugehen.

Gerne hätte auch Caspar Sicherheit für die Zukunft, aber, so führt er an, keiner kann doch sagen, was morgen tatsächlich passiert. Niemand.

Ich setze mich jetzt ins Gras in die Nähe des Eisbachs und spüre dessen Feuchtigkeit. Es hat die vergangenen Tage stark geregnet. Caspar sagt, dass es wichtig sei, mit der Ungewissheit des Lebens Frieden zu schließen und der Zukunft mit Vertrauen zu begegnen, denn was anderes bleibt uns auch nicht übrig.

Es sei der einzige Weg, um mit seinen Ängsten um den noch nicht geborenen Sohn umzugehen.

*

Ich verstehe, was er meint.

Eine Alternative zum Vertrauen in das Leben gibt es nämlich nicht. Eine alltäglich zu meisternde Aufgabe. Immer wieder.

Neben mir lassen sich ein paar Studenten im Gras nieder. Sie haben Flaschenbier in der Hand und tragen einen Lautsprecher bei sich, aus dem laute Punkmusik ertönt. Caspar ist nur noch schwer zu verstehen.

Mit der Hoffnung auf eine bessere Akustik lege ich das Smartphone nun direkt an mein Ohr. Bringt leider auch nichts.

„*Das Wichtigste habe ich bereits gesagt.*“, meint er lachend.

Ich wünsche ihm Kraft, bleibe dann noch eine Weile ganz ruhig sitzen und lasse seine Worte auf mich wirken.

Es stimmt: Wir müssen mit voller Energie in die Ungewissheit des Lebens springen, weil nur das Leben selbst weiß, was es uns bescheren wird. Dabei dürfen wir darauf vertrauen, dass es im Leben immer so kommen wird, wie es letztlich richtig für uns ist.

Entweder wir bekommen, was wir uns wünschen oder eben nicht.

Und wenn nicht, haben wir die Chance auf besondere, möglicherweise sehr schmerzvolle Erfahrungen im Leben, an denen unsere Persönlichkeit reifen darf.

*

Ein paar Monate nach dem Gespräch mit Caspar werde ich ein Photo von seinem gesunden Sohn Benjamin in den Händen halten, auf dem er den Kleinen überglücklich durch die Straßen unter dem Sonnenhimmel Zürichs schiebt.

Interludino

das universum
gibt und nimmt.

wir wissen nie:
wo, wann, warum?

was,
wenn alles doch einem großen plan
von oben entspricht?

EIN
REGENBOGEN.
NACH DEM
GEWITTER,
IST WIE DIE
VERSÖHNUNG
NACH DEM STREIT.

Lebensqualität

Das Leben hat mich gelehrt, dass es mit einer spirituellen Dimension auch eine besondere Qualität bekommen kann.

Damit meine ich nicht, eine bestimmte Religionszugehörigkeit auszuleben, weil eine spezielle Glaubensrichtung dafür nicht notwendig ist. Wir brauchen keinen Messias, der uns erscheint, weil das, was wir für mehr Spiritualität im Leben benötigen, bereits da ist.

Der Schlüssel dafür ist der jetzige Moment, denn in diesem liegt der Zauber der Spiritualität. Der aktuelle Augenblick hat eine Stärke, die uns verwandeln und eine Kraft, die uns Lebendigkeit schenken kann.

*

Für mich bedeutet Spiritualität deshalb kein Hexenwerk, kein Gotteshaus, nicht einmal etwas Außergewöhnliches. Das Spirituelle ist überall und in allem.

Es kann beispielsweise darin bestehen, mit voller Aufmerksamkeit Zeit mit einem anderen Menschen zu verbringen, ohne an den vollen Terminkalender des Tages zu denken. Das Spirituelle kann auch bedeuten, Menschen etwas Gutes zu tun oder den Tag mit einer kleinen Meditation zu beginnen.

Auch den Sonnenaufgang bewusst wahrzunehmen und sich von den ersten Strahlen des Morgenlichts verzaubern zu lassen fällt darunter, genauso wie einmal mit allen Sinnen mit den Fingern über ein Laubblatt zu fahren und die Strukturen desselben dabei zu fühlen.

*

Ich bin mir sicher, dass wir mit jedem bewussten Atemzug für das, was wir gerade machen, mehr Licht in unser Leben bekommen.

Mit jeder Einladung an das Leben, es zu umarmen, öffnen wir Türen, die uns wertvolle Erfahrungen im Leben ermöglichen.

Wir können so vielleicht Chancen auf persönliches Wachstum ergreifen und die Lebendigkeit spüren, die unseren Körper dabei durchtränkt.

JETZT LASS DOCH
MAL (NICHT)
LOS
UND
MOVE (NICHT)
ON.

Mit einem halben Ohr auf Durchzug schalten

„Du machst zu viel!" . Wie oft ich diesen Satz schon gehört habe.

Es gab eine Zeit, in der ich mich dann zu rechtfertigen begann und nicht selten auch in Diskussionen dazu eingestiegen bin.

Eines Tages habe ich aber genau hingesehen und bemerkt, dass diese Art der Kommentare insbesondere von solchen Menschen gekommen sind, die selbst verhältnismäßig *„wenig"* in ihrem Leben machen.

Mir geht es hier nicht um eine Bewertung und noch weniger um das Spiel *„Du bist besser als ich."* Jede(r) von uns soll bitte schön das machen, was sie oder er will.

Mein Punkt ist die Bewertung meines Tun durch Dritte.

Ich sage den Wenig-Macher(innen) bei einer Tee Pause doch auch nicht: *„Also, du machst einfach zu wenig! Bekomm doch mal deinen Hintern von dem ganzen TV Serien Schauen hoch und werde aktiv!"*

Genauso wie diese Bemerkung die Wenig-Macher(innen) verletzen würde, zucke auch ich bei dem Satz *„Du machst zu viel!"* immer noch leicht zusammen, bis ich mir wieder klar mache, dass es bei dem Kommentar im Grunde weniger um mich, als oft um die Aussprechenden selbst geht.

Klar, sie oder er kann sich Sorgen über mich machen, aber oft trifft der Satz *„Spieglein, Spieglein an der Wand"* zu.

*

Im Grunde können wir über das, was wir aussprechen, viel über uns selbst erfahren, denn unser Gegenüber ist meistens nur ein Spiegel unseres inneren Selbst. Die Reflexion ist dabei der direkte Blick auf die eigene Seele, die sich doch selbst gerne versteckt.

Seitdem ich das vom Leben gelernt habe, versuche ich mich darin, meinem Gegenüber im Gespräch noch aufmerksamer zuzuhören. Höre ich achtsamer zu, kann ich sie oder ihn besser lesen und verstehen und dadurch auch mich selbst besser lesen und verstehen.

*

Allerdings gibt es auch Personen, die manchmal einfach nur gerne reden und in lange Monologe verfallen, bei denen auch viel Quatsch und Nichtinformation dabei sein können. Ich nehme mich davon nicht aus.

Bin ich in der Rolle der Zuhörerin, bin ich deshalb ab und an dazu übergegangen, frech auf Durchzug zu schalten, wenn mein Gegenüber sich in einem Thema derart festhakt, dass ich keinerlei sinnvollen Beitrag mehr leisten kann.

Ich lausche dann nur mit einem halben Ohr und, so fies es klingt, ziehe gelegentlich eine Augenbraue an einer passenden Stelle im Monolog kurz hoch. Alternativ nicke ich zustimmend, während meine eigenen Gedanken in Wirklichkeit woanders sind.

Es gibt im Leben einfach manchmal Situationen, in denen es nichts bringt, in eine inhaltliche Debatte mit dem Anderen einzusteigen, weil dieser schlicht zu sehr von seiner eigenen Meinung überzeugt ist oder weil wenig Inhalt bei dem Gesprochenen dabei ist.

„*Wahoooo!*“, das klingt fern vom Gutmenschsein. Gerade jetzt, wenn ich das schreibe, spüre ich ein wenig Scham und doch, auch das bin ich manchmal.

Es fühlt sich allerdings weniger schlimm für mich an, wenn ich meinem Gegenüber unterstelle, gelegentlich Gleiches zu tun, wenn ich selbst das Wort ergreife.

Puh!

Interludino

so wie du dich liebst,
ist der schlüssel für andere,
dich zu lieben.

achte deshalb darauf,
wie du dich liebst,
weil es aussagt,
wie du von anderen geliebt werden willst,
und auch wirst.

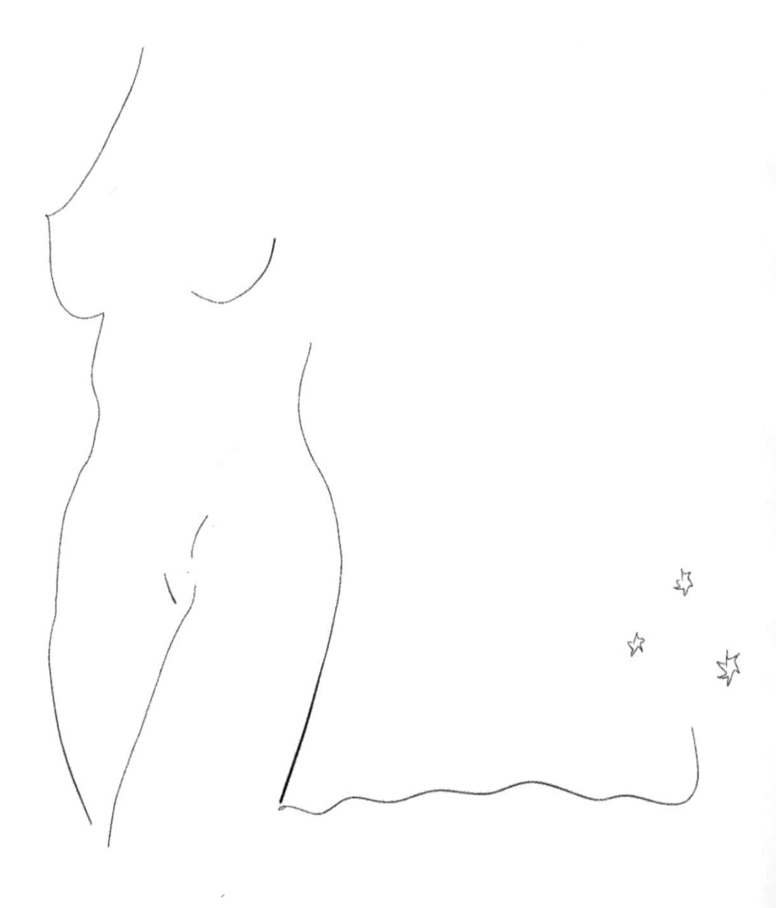

Atemhauch

Ich spüre deinen Atem. Wie er gleichmäßig ein- und ausgeht.

Wie er ganz leicht und doch so, dass ich ihn wahrnehmen kann, in meinen Nacken pustet. Das und deine Nähe sind so schön.

Ich möchte wach bleiben, um nichts zu verpassen, weil doch jede Sekunde mit dir für mich zählt.

Du hältst mich in deinen Armen. Deine rechte Hand liegt quer über meiner Brust. Unsere beiden Beine sind parallel angewinkelt.

Ich fühle mich sicher, geborgen und am richtigen Platz aufgehoben. Es ist ein Gefühl für die Ewigkeit.

*

Wenn ich in den darauffolgenden Tagen und Monaten Sehnsucht nach dir empfinde, werde ich mir diesen Moment herbei wünschen.

Ich werde dann meine Augen schließen, mich zurück in unsere gemeinsame Nacht beamen. Werde die glatte Struktur des Betttuchs spüren, den Blick über die Dächer der Stadt aus dem Fenster erhaschen und, vor allem, dich bei mir sehen.

Ich werde die Wärme deines Körpers auf meiner Haut wieder entdecken. Und die angenehme Schwere deiner Hand, die zärtlich über meiner Brust ruht.

*

Am nächsten Morgen bist du vor mir wach.

Ich muss irgendwann eingeschlafen sein.

Wir beide liegen noch in der gleichen Position, in der wir in den Schlaf gefallen sind. Du hältst mich weiter in deinen Armen.

Wir haben uns keinen Wecker gestellt. Du bist knapp dran mit deinem Termin, springst auf und unter die Dusche.

Als du wiederkommst, lächelst du mich an.

Du trocknest dir mit einem Handtuch dein schwarzes, dichtes Haar. Lässt mich dabei aber nicht aus dem Blick.

Deine Augen sind voll zärtlicher Zuneigung.

Ich bleibe liegen und schaue auch dich weiter an. Wir sind uns nahe, sehr nahe und brauchen weder Worte noch Berührung dafür.

*

Du kommst nun zu mir, lässt dich weich auf das Bett fallen und robbst zu mir auf. Küsst mich lange und intensiv auf die Stirn, bevor dein Kopf meine Brust sucht, um dort ganz ruhig zu verweilen.

Wahrscheinlich kannst du mein Herz dabei pochen hören.

Ein paar Minuten später musst du gehen. Während du dir dann dein Hemd zuknöpfst, blickst du still weiter auf mich.

Es fühlt sich an, als möchtest du dieses Bild für deine Unendlichkeit einstecken.

Du sagst dann nur, fast flüsternd, fast entschuldigend: „*Ich weiß nicht, was ich jetzt sagen soll?*"

Dann blickst du nach unten, vielleicht um kurz Kraft zu holen?

Bei der Verabschiedung umarmen wir uns so lange bis ich sage: „*Du musst los. Sonst kommst du zu spät!*"

Ich schiebe dich zur Tür und schließe diese hinter dir.

Lehne mich an sie und spüre ein paar Tränen, weil ich nicht weiß, wann ich dich wiedersehe.

Aufgrund des Verlustes, ja, aber noch mehr aufgrund der Freude über das, was gerade mit uns geschah.

Interludino

auch wenn es verrückt ist,
lebe doch hin und wieder
ein bisschen verrückt.

umarme das leben so oft es geht,
atme es tief ein,
lass dich mit ihm treiben
und sei vielleicht auch ein wenig
crazy for life.

MEIN GROßVATER GAB
MIR ALS KLEINES MÄ
DCHEN MIT, DASS ES 4
DINGE IM LEBEN GIBT,
DIE MICH WEITERBRING
EN WERDEN:

LIEBE
MUT
DEMUT
GEDULD

Meine Mutter

Wie wahrscheinlich jede Mutter für jede Tochter, so ist auch meine Mutter für mich eine spezielle Person in meinem Leben.

Ich spüre Ähnlichkeiten zwischen ihr und mir, die ich schätze, und andere, die ich ablehne.

Das mit dem Ablehnen ist aber so eine Sache, weil ich meist auch einen Teil von mir ablehne, wenn ich eine Eigenschaft bei meiner Mutter nicht befürworte.

Das fühlt sich nicht gut an, so dass ich dann oft mürrisch werde.

Wenn ich in Gegenwart meiner Mutter bin, nehme ich, gerne auch unbewusst, jede Miniregung von ihr wahr.

Ich kenne unzählige ihrer Gesichtsvariationen und bilde mir ein, jede Empfindung auf ihrem Gesicht selbst dann lesen zu können, wenn es mir nicht zugewandt ist. Bereits ein leichtes Zucken ihrer Augenbraue kann ich als Zustimmung oder auch mögliche Ablehnung meiner Handlungen erkennen.

Der Einfluss meiner Mutter auf mich, den ich natürlich im Laufe der Jahrzehnte meines Lebens habe weniger werden lassen, ist einfach weiter da.

Mütter haben Macht, aber eben nur so viel, wie wir ihnen als Töchter auch einräumen wollen. Das vom Leben begriffen zu haben war eine wesentliche Erkenntnis für mich, die mich auch in der Beziehung zu meiner Mutter ein großes Stück weitergebracht hat.

*

Meine Mutter ist Zeit ihres Lebens im Allgäu, in ihrer bayerischen Heimatstadt Memmingen, geblieben. Nach der Heirat mit meinem Vater zogen sie gemeinsam aufs Land.

Mein Großvater, gesegnet mit handwerklichem Geschick, baute das Haus, in dem ich mit meinen beiden Geschwistern groß werden durfte.

Sobald ich begriff, wie weit die geographische Welt in Wirklichkeit ist, wollte ich mein Dorf schnell verlassen und auf Reisen gehen.

Nach Lebensabschnitten in New York, London, Paris und Bali kehrte ich zwar nach Bayern, aber nicht in die Nähe des Allgäus, sondern eben nach München zurück.

Quasi nah und doch fern von meiner Kinderheimat.

*

Die mentale und energetische Nähe zu meiner Mutter hat sich dadurch aber nicht geändert.

Telefonieren wir, spürt sie manchmal ohne ein erstes Wort von meiner Seite, wie ich mich fühle. Oft benötigen wir dazu nicht einmal ein Telefonat und sie schreibt fragend, ob es mir gut ginge.

Was für eine einzigartige Verbindung.

Auch empfinde ich es als Geschenk, dass meine Mutter mir als Kind wenige Grenzen gesetzt hat. Sie ließ mich fliegen wie ein Schmetterling, ohne meine Freiheit durch stets schützende Hände einengen zu wollen.

Ich konnte mich mit den Jungs vom Dorf prügeln, blaue Flecken davontragen, auf Bäume klettern, mit zerrissenen Hosen wieder nach Hause kommen und bis zum Sonnenuntergang auf den Feldern mit Heu um mich werfen.

Auch konnte ich früh auf Reisen gehen, ohne, dass meine Mutter mir ihre Angstgefühle, die sie sicher auch hatte, als ich beispielsweise im jungen Alter allein nach Pakistan flog, übertrug. Ich konnte ins Ausland zum Studium ziehen, ohne dass sie mir das Gefühl gab, ich würde sie „*verlassen*", so wie ich es aus Geschichten von Freunden gehört hatte.

Gleichzeitig fühle auch ich mich weiter für sie verantwortlich. Das muss ich nicht, sie hört es auch ungern und doch tue ich es.

Vielleicht liegt das auch daran, dass ich ein freieres Leben genieße, als sie es hatte.

Und bei dem Gedanken fühle ich mich ihr noch ein Stückchen näher als sonst bereits.

ES KOMMT DIE ZEIT,
ZU DEM WAS WAR,
GOODBYE ZU SAGEN,
DAMIT DAS, WAS
KOMMEN SOLL,
UNTER EINEM
SONNENSTERN
KOMMEN DARF.

Vergangenheit und Zukunft

Reisen in unsere Vergangenheit sind wichtig, weil wir dadurch eine Vorstellung davon bekommen, wer wir sind.

Wir finden dort Erklärungen, warum wir uns zu der heutigen Person entwickelt haben. Ein Blick in unsere Lebensgeschichte kann somit hilfreich sein, allerdings werden wir in der Vergangenheit keine Lösungen für die Zukunft finden.

Die Vergangenheit hilft bei der „*Warum?*“ Frage, aber nicht bei der „*Wie weiter?*“ Frage.

*

Auch sind die Erklärungen aus der Vergangenheit mit Vorsicht zu genießen, weil sie das Ergebnis unserer autobiographischen Phantasien sind.

Probleme entstehen überwiegend dadurch, dass Menschen auf immer wieder gleiche Weise aufeinander reagieren.

Für die „*Wie weiter?*“ Frage könnte es deshalb hilfreich sein, es anders als bislang zu machen, um problematische Situationen aufzulösen.

Vielleicht wäre es eine Idee, wenn wir beim nächsten Problem einfach irgendetwas einmal „*völlig neu*“ angehen?

Egal, was es ist, wir sollten nur unter keinen Umständen so weiter wie bislang gewohnt machen, sondern uns vielmehr überraschen lassen, was „*stattdessen*“ passiert.

Interludino

sei dir bewusst:

machen ist wie wollen,
nur noch intensiver.

Kinderfreiheit

Ich bin in meinem Auto und fahre nach einem Wandertag in den Bergen zurück nach München.

Am Telefon habe ich meine Freundin Filipa, die mit ihrem Mann Ludwig am Tegernsee wohnt. Die beiden sind ein echtes Power Paar und ergänzen sich auch beruflich optimal.

Beiläufig kommt Filipa auf das Thema Kinder zu sprechen.

Ich wußte bereits, dass sie und ihr Partner nicht „*zwingend*" Kinder in ihrem Leben möchten.

*

Ein Kind zu bekommen ist heute tatsächlich nicht mehr nur dem Zufall oder dem Schicksal überlassen.

Wir steuern überwiegend selbst, ob und wann wir schwanger werden und es braucht, wenn wir das wollen, eine klare Entscheidung für oder gegen Nachwuchs.

Ob es dann letztlich auch klappt mit dem Baby, steht natürlich auf einem anderen Papier.

Einige Mütter sind, gerade in Deutschland, mit den gesellschaftlichen Anforderungen an ihre Rolle überfordert. Sie geben ihre eigenen Bedürfnisse auf, sind oft völlig fremdbestimmt.

Vielleicht bedarf es doch nicht der bürgerlichen Kleinfamilie, so wie es sie im letzten Jahrhundert angefangen hat zu geben, sondern eines ganzen Dorfes und damit einer ganzen Gemeinschaft, um Kinder einigermaßen entspannt großzuziehen?

*

Filipa spricht nun das Wort „*Kinderfreiheit*“ aus. Sie habe es vor kurzem in einer Podcast Folge das erste Mal bewusst wahrgenommen.

Es steht für die Freiheit von Kindern und bedeutet etwas anderes als Kinderlosigkeit.

Kinderlos klingt für sie so, als ginge es nicht ohne den Nachwuchs, als fehlte vermeintlich etwas ohne Kinder.

„*Muss der weibliche Körper denn nur, weil er die Fähigkeit hat, Milch und Eier zu produzieren, notwendigerweise auch backen?*“, fragt sie mich.

Ich schmunzle über ihre scharfe Formulierung, während ich kurz vor dem sonnengelben Stadtschild Münchens im üblichen Schönwetterstau festzustecken beginne.

Es stimmt, die Mutterschaft ist nicht zwingend für Frauen, aber sie ist in unserer Welt weiter heilig und wird hochgelobt. Zudem gibt es das Stigma einer kinderlosen Frau und eines kinderlosen Mannes auch in Deutschland immer noch.

Filipa erzählt mir nun von Einladungen, die sie und ihr Ehemann nicht mehr ausgesprochen bekommen, weil sie ohne Kinder sind.

„*Manche befreundeten Familien haben sich, mal stärker, mal weniger spürbar, zurückgezogen.*“, schiebt Filipa leicht bedrückt ein.

Dabei seien sie beide, Filipa und Ludwig, doch die gleichen geblieben.

*

Gemeinschaft und Gesellschaft sind wichtig und in Resonanz mit der Welt zu gehen ebenfalls.

Mutterschaft im Sinne von „*sich um andere kümmern*“ ist ebenfalls von Bedeutung, aber das kann auch außerhalb der Mutterrolle passieren, beispielsweise im Ehrenamt oder auch in der Rolle einer guten Freundin. Kinder sind für das Ausleben der mütterlichen Seite nicht zwingend notwendig.

Auch könnten wir uns, bevor wir Kinder bekommen, eigentlich die Frage stellen, warum wir kein Kind adoptieren, wenn der Wunsch nach einem Kind doch so groß ist.

Ist es das Verlangen, dass etwas Eigenes von uns, unsere Gene und ein Teil unserer Persönlichkeit, auch nach unserem Ableben weiterleben soll?

Und wenn das so ist, handelt es sich dabei letztlich um die Sehnsucht nach Unsterblichkeit, die wir alle in uns tragen?

Die Welt ist jedenfalls bereits jetzt voller Menschen und viele Kinder benötigen dringend ein liebevolles Zuhause.

*

„*Selbst dann, wenn manche Menschen keine Kinder in diesem Leben haben, bedeutet das doch nicht, dass sie ein wertloses Leben führen.*“, ergänzt Filipa plötzlich.

Ich meine zu spüren, dass Filipa sich gerade danach fühlt, sich für ihre Lebensweise rechtfertigen zu müssen, weil sie sich von den typischen gesellschaftlichen Normen abhebt.

Dabei ist es doch vollkommen in Ordnung, wenn kinderfreie Menschen stressfrei Sonntag morgens gerne bis elf Uhr ausschlafen, sich tolle Reisen und Abenteuer gönnen und sich für das Alter eine schöne Summe Geld ansparen.

Sie müssen nicht „*anstelle*“ von Kindern etwas Großartiges für die Menschheit leisten und ihren Wert zeigen.

Sie dürfen auch dann einfach nur sie selbst sein.

Mutter- oder Vaterschaft ist eben nicht für jede(n) und auch das ist in Ordnung.

GLAUBST DU WIRKLICH
AN EINEN FRIEDEN,
DER DAUERHAFTER TEIL VON
UNS IST? ICH NICHT.
DIESER FRIEDE MUSS TAG FÜR TAG
NEU ERSTRITTEN WERDEN...

Indien und die Frage nach einem gerechten Leben

Als ich Mitte zwanzig war, bereiste ich Indien zum ersten Mal.

Während meiner Zeit in Mumbai suchte ich ein Straßenkinderheim um die Ecke meines angemieteten Hotelzimmers auf. Ich hatte gehört, dass dort Freiwillige gesucht werden, die Zeit mit den Kindern verbringen wollen und für Abwechslung sorgen.

Ich konnte nur schwer begreifen, was meine Augen dort sahen.

Vor mir lagen, saßen und spielten Kinder in kleinen Betten mit den unvorstellbarsten verkrümmten Körperformen.

Es war das erste Mal für mich, dass ich Menschen so entstellt gesehen habe. Die Kinder litten überwiegend an Erkrankungen, gegen die es bei uns in der westlichen Welt Impfungen gibt.

Als ich durch den großen Raum schritt, schauten mich aus jedem Bett dunkle Kinderaugen erwartungsvoll an.

Am Ende des Flurs sah ich ein Mädchen, das vielleicht sieben oder acht Jahre alt war. Sie hatte dickes schwarzes Haar.

Ich blickte auf den Rest ihres Körpers und erstarrte: es fehlten ihr alle vier Gliedmaßen.

Das kleine Mädchen hatte weder Arme, noch Beine.

*

Ich wollte, dass sie meinen Schreck nicht bemerkt und zwang mich zu einem kleinen Lächeln.

Das Mädchen rief mir plötzlich fröhlich und in einem klaren Englisch zu, ich solle sie bitte auf den Arm nehmen.

Bevor ich reagieren konnte, war eine der engagierten Helferinnen des Straßenkinderheims an meiner Seite und hob die Kleine direkt in meine Arme.

Sie strahlte mich an.

Das Mädchen war ein Leichtgewicht. Ein Mensch, bestehend nur aus einem Torso.

In meinem Kopf drehte sich alles.

Ich war absolut überfordert und wollte in diesem Moment nur, dass sie genau das nicht spürt.

*

Nachdem eine kleine Weile vergangen war, suchte ich eine Erklärung, um kurz vor die Tür gehen zu können. Ich eilte schnellen Schrittes hinaus aus dem Gebäude.

Dort kauerte ich mich in eine der Hausecken und weinte. Ich weinte und hielt mir die Hände vor das Gesicht. Dabei gingen mir immer wieder die gleichen Fragen durch den Kopf: „*Wo, verdammt noch einmal, ist die Gerechtigkeit? Ist das Leben fair? Wieso haben diese Kinder mit einer solchen Aufgabe im Leben umzugehen? Warum bin ich in einem wohlhabenden Land voller Chancen geboren?*"

Als ich in den Straßen von Mumbai, vor den Türen des Kinderheims, nach einer Antwort auf die Frage nach dem gerechten Leben suchte, verlangte ich von genau demselben einen reibungslosen Ablauf.

Auch bewertete ich das Schicksal der Kinder aus meiner persönlichen Perspektive und versuchte mich an Begriffen wie „*gerecht*", "*fair*" und „*gut*". Letztere sind Erfindungen des Menschen, weil es von der Natur selbst Konzepte der Gerechtigkeit, der Fairness und des Guten gar nicht gibt. Diese sind vom Menschen geschaffen worden.

Das habe ich aber erst später verstanden. Ich wünschte mir in dem Moment vor der Tür des Kinderheimes nur ein Funktionieren der Welt, in der es keine Missstände, keinen Schmerz und keine Brutalität gibt.

Eine Welt ohne körperlichen oder seelischen Schmerz, Kummer, Altwerden oder Krankheiten, all das wollte ich nicht.

*

Die Kinder in dem Straßenkinderheim machten einen glücklichen Eindruck auf mich. Sie kannten kein anderes Leben, auch wenn sie sich bereits in jungen Jahren dem harten Leben auf den Straßen Indiens stellen mussten, dem sie mit der erschwerten Bedingung einer Behinderung ausgesetzt waren.

Als ich ausgeweint war, holte ich tief Luft, erhob mich und ging zurück in den Raum mit den Kindern.

Ich nahm das kleine Mädchen wieder in den Arm und spürte die Freude, die es dabei empfand.

Ihre Augen funkelten fröhlich.

Ich verbrachte den gesamten Tag mit den Kindern, spielte mit ihnen und erzählte Geschichten. Sie waren aufgeschlossen und an allem, was ich ihnen an Zaubertricks zeigte oder an Schattenfiguren vormachte, interessiert.

An dem darauffolgenden Tag kam ich wieder und wurde lachend von ihnen begrüßt. Der Abschied fiel mir schwer.

*

Heute, viele Jahre und Erfahrungen später, spüre ich immer noch ein Herzzucken, wenn ich an das Bild von damals in dem Straßenkinderheim denke.

Gleichzeitig habe ich mittlerweile eine wesentliche Sache begriffen: Unsere Existenz kann uns nicht ausschließlich Leichtigkeit, Freude und Spaß bringen. Genauso wenig kann uns das Leben ständigen beruflichen Erfolg, dauernde Gesundheit sowie ewige Jugend ermöglichen.

Unser Leben hat seine eigenen Regeln und setzt bestimmte Vorgaben, die wir nur bedingt ändern können.

Das, was das Leben von uns für all die wunderbaren Dinge, die wir tagtäglich erleben, aber einfordert, ist den Mut aufzubringen, den es braucht, um die Herausforderungen und Schwierigkeiten des Lebens zu bewältigen.

Das Leben verlangt von uns die Einstellung, problematischen Situationen konstruktiv und positiv zu begegnen, auch wenn es vielleicht einfacher wäre, sich über seine Widrigkeiten zu beklagen.

Die Kinder in dem Straßenkinderheim haben diese Maxime unbewusst gelebt.

Sie haben meine Bewunderung dafür.

Interludino

hast du schon mal in einem badezimmer
ohne fenster gestanden,
die tür hinter dir zugemacht
und laut geschrien?

alternativ in der wildnis,
an einem rauschenden fluss?

befreiend.

TO ¿EE

OR

NOT TO

SEE ¿

Überlasse das Denken keinem anderen als dir

Lange ging ich davon aus, klar für mich zu denken und in meiner Meinungsfindung schön frei und unabhängig zu sein. Das stellte sich (natürlich) als ein Irrtum heraus.

Viele meiner Ansichten sind alles andere als Eigenschöpfungen meiner Person. Das wäre zwar toll, aber in Wirklichkeit kaue ich oft Bestehendes wieder. Etwas, das ich gelesen, dem ich zugehört oder das ich sonst wie aufgeschnappt habe.

Das Verflixte dabei ist, dass ich mir dessen oft gar nicht bewusst bin.

Mittlerweile habe ich aber gelernt, mehr darauf zu achten, wie ich meine Meinung bilde, welcher Teil meinem inneren „*ich*" entspricht und welcher Anteil auf externen Mustern basiert.

Ich bin, wie alle andere Menschen auch auf der Suche nach Anerkennung und Liebe im Äußeren. Diesen Liebeswunsch mit Achtsamkeit & Co zu reduzieren gelingt mir nur bedingt.

Heute akzeptiere ich, dass auch das Teil meiner Person ist, weil es einfach auch schön ist, für das, was ich bin, geliebt zu werden. Ich liebe mich auch selbst, habe eine gute Portion Selbstliebe in mir, aber mag es eben auch sehr, wenn jemand anderes es tut.

Ich menschle und finde das auch gut.

*

Wir wollen alle einer Gemeinschaft angehören und uns als Teil einer Firmenkultur, eines Freundes- und Familienkreises oder auch des örtlichen Sportvereins fühlen. Wir wünschen uns, von unserer Umgebung akzeptiert zu werden und dort klar zu kommen.

Das ist sicherlich auch einer der Gründe, weshalb wir uns manchmal an unser Umfeld leicht anpassen können und uns gleichzeitig schwer damit tun, unsere persönliche Wahrheit auszusprechen, eigenständig zu denken, zu diskutieren und auch danach zu handeln.

Dadurch stellen wir die krummen Ecken, Kanten und Ungereimtheiten unserer Persönlichkeit offensichtlich zur Schau und machen uns angreifbar. Und das ist anstrengend, weil wir das Risiko eingehen, von unser Umgebung nicht (mehr) gemocht zu werden.

*

Um wirklich für sich selbst zu denken, brauchen wir ein sauberes Verständnis davon, wer wir sind und wie unser Mindset arbeitet. Das zu erlangen ist nicht einfach, weil uns unser eigenes Denken auch so schön austricksen kann.

Kleines Gedankenspiel dazu: Ich koche für Freunde anhand einer originellen Rezeptvorlage. Mit dessen Hilfe wird es mir zwar gelingen, einen köstlichen Speisegang zu servieren, das Gericht wird aber alles andere als ein Resultat meiner eigenen Kreativität sein. Es ist vielmehr das Ergebnis des Algorithmus, so wie es mir das Rezept vorgibt.

Der genau gleiche Mechanismus trifft letztlich auch bei der Bildung von Meinungen und Ansichten zu.

*

Wir tendieren regelmäßig dazu, Betrachtungsweisen Dritter eins zu eins zu übernehmen, insbesondere dann, wenn uns keine andere Informationsquelle zur Verfügung steht oder wir schlicht zu faul sind uns anderweitig schlau zu machen.

Wie erfrischend ist aber doch ein offener Kopf zum Denken, denn wer will schon immer in der gleichen homogenen Suppe schwimmen?

Wer liebt schon Engstirnigkeit, Eindimensionalität und den Tunnelblick?

Geistige Weite hingegen kann durch verschiedene Erfahrungen, verschiedene Lebensbubbles und auch verschiedene interdisziplinäre Quellen entstehen. Und Weite ist so gut.

Wäre ich Superwoman bräuchte ich solche Hilfsmittel nicht, aber das bin ich nicht.

Was ich mir aber wünsche, ist zu bemerken, wann mein Denken wieder Gefahr läuft, schmalspurig zu werden.

Das ist mühevoll, denn eigenes Voran-Denken ist echte Arbeit. Bereits beschrittenen Wegen zu folgen ist immer die einfachere Variante. Manchmal ist die Anwendung des Lemmingprinzips, sich bereits Bestehendem anzuschließen, aber absolut okay, weil das Leben auch zum Genießen da ist.

Aber, wenn ich nur das mache, dann werde ich stets ein Follower bleiben und die Chance verpassen, mich und meine Person in meinem Leben auszudrücken, um einen eigenen Fußabdruck zu hinterlassen.

*

Es ist übrigens auch völlig in Ordnung, zu bestimmten Themen oder Angelegenheiten keine eigene Meinung zu haben.

Das ist allemal besser als vorzugeben, sich wunderbar in bestimmten Fragen auszukennen, aber in Wirklichkeit keine blasse Ahnung davon zu haben.

Es ist heutzutage einfach auch nicht möglich, sich zu allen Aspekten des Lebens eine Meinung zu bilden. Ich kann aktuell zu dem Konflikt zwischen China und den USA nichts Schlaues sagen und kenne mich auch in Fragen des Islam nicht wirklich gut aus.

Das ist eben so und ich kann in Frieden damit leben.

Interludino

es ist schön,
dein leben so zu gestalten,
dass es voller geschichten ist.

menschen mit vielen geschichten
bereuen in der regel weniger.

Gefahr vor temporärer Menschenüberdosis

Ich bin am Telefon mit meiner Freundin Pippa und frage: *„Können wir uns allein treffen? Mehr geht heute nicht.“*

Das ist leider nicht die ganze Wahrheit, weil auch das Treffen mit ihr mir eigentlich schon zu viel ist.

Unsere Verabredung ist allerdings schon seit langem vereinbart und Versprechen sind schließlich bestmöglich zum Halten da. Pippa wohnt nicht in München und ist nur an diesem einen Abend in der Stadt.

„Ich fühle mich gerade so, als leide ich unter einer Menschenüberdosis.“, beichte ich Pippa zwei Stunden später.

„Was meinst du denn damit bitte?“, schaut sie mich fragend an.

„Das Gefühl, heute keine Menschen ertragen zu können. Momente, in denen Teammeetings und Gruppensport das Schlimmste für mich überhaupt sind. In solchen Momenten bin ich einfach gerne allein, gehe mit mir ins Kino oder auch mit einem guten Buch ins Café.“, so meine schlichte Antwort.

*

Alleinsein ist nicht das Gleiche wie Einsamkeit.

Einsam sind Menschen oft dann, wenn sie gerne in Gesellschaft wären und diese aber in dem Augenblick nicht bekommen können.

Bei mir ist das in solchen Momenten anders. Wenn ich unter einer Menschenüberdosis leide, will ich gar niemand anderen sehen.

Einsamkeit hingegen kenne ich persönlich vor allem dann, wenn ich in Gegenwart von Menschen bin, mit denen es zu keinem wirklichen Austausch kommt. Entweder, weil geschwiegen wird und ein seltsames *„Etwas“* in der Luft hängt, eine Art Unwohlsein, weil die Themen an der belanglosen Oberfläche schwimmen oder eben auch, weil es schlicht nichts wirklich zu sagen gibt.

Manchmal fühle ich mich aber auch mit den Menschen etwas einsam, die einfach gern alles Negative bei mir abladen wollen und nur einen menschlichen Mülleimer für ihr Seelenleben brauchen.

*

Ich lebe auch gerne in den Tag, träume, beobachte.

"Alles darf sich mal um mich drehen, es gibt keinen Streit und zero Kompromisse."", sage ich zu Pippa.

Ja, danach fühle ich mich manchmal.

Die einzige Herausforderung kann gelegentlich sein, das Alleinsein dann auch für eine Weile aufrechtzuerhalten. Gehe ich ins Café, setzt sich nicht selten jemand *just* in diesem Moment zum Reden neben mich. Hole ich mir allein ein Eis, möchte mir die Person vor mir in der Schlange gerne die Welt erklären. Sitze ich nur da, beobachte und genieße, werde ich gefragt, wie es mir geht.

Manchmal, so denke ich mir, ist es vielleicht meine Haltung, die andere Menschen genau in diesen Momenten dann anzieht.

In Momenten der Menschenüberdosis fühle ich mich nämlich meistens weder verlassen noch traurig, sondern glücklich mit mir.

*

Ich genieße die Alleinsein-Unterbrechungen aber manchmal auch sehr, weil diese spontanen und unerwarteten Begegnungen mit Dritten, im Café oder in der Eisdiele, besser und spannender als jeder Kinofilm sein können.

Dann vergesse ich meinen Wunsch nach Menschenabstinenz rasch wieder, komme aus meiner Ego-Kapsel, genieße das Zusammentreffen in vollen Zügen und lausche aufmerksam den Erzählungen. Ich beobachte Gesten und Mimik und lache und weine dann gerne mit meinem Gegenüber.

Dabei lerne ich die Welt dann wieder von einer für mich neuen Perspektive ein Stückchen besser kennen. Ich gehe in Resonanz mit meinem Umfeld, dem Gegenpol zum Alleinsein.

„*Letztlich geht es vielleicht immer um die Balance zwischen Zeit mit sich selbst und Zeit mit anderen.*“, merkt Pippa an.

Ich nicke, stimme ihr zu und verliere mich kurz in dem frischen Gelbton meines Orangensafts vor mir.

Vielleicht kann die Zeit mit sich selbst auch erst dann voll genossen werden, wenn in Abgrenzung Zeit mit anderen verbracht wird?

Es könnte ja sein, dass das eine stets des anderen bedarf.

DU

DUFTEST

WIE

LIEBE.

Interludino

verliebe dich auch

in dich selbst.

vor allem in die zeit mit dir selbst.

Meine persönliche Erfolgsliste

Ich hatte mehr als ein Jahrzehnt damit verbracht, im Investment Banking einer großen Bank sowie für die Mergers & Acquisition Abteilung eines Weltkonzerns zu arbeiten.

Auch in meinem letzten Job hatte ich wieder Arbeitstage, die oft sehr früh morgens losgingen und weit nach 22h endeten. Eine Telefonkonferenz kam nach der anderen, Datenräume mussten aufgebaut und Term Sheets, Eckdaten der Verträge, ausgearbeitet werden.

Es dauerte sieben Jahre, bis ich tatsächlich meinen ersten Urlaub arbeitsfrei verbringen konnte. Bis dahin hatte ich stets Laptop und Blackberry (ja, das gab es damals noch) dabei, war 24/7 telefonisch erreichbar und steuerte mein Projektteam aus.

Den ersten arbeitsfreien Urlaub verbrachte ich auf Bali und fiel direkt erst einmal in ein großes schwarzes Loch.

Wer bin ich ohne Arbeit?, ging es mir durch den Kopf.

Bislang hatte ich stets etwas zu tun und nun gab es erst einmal „*nur*" mich.

Ich fühlte mich in der neuen Situation zunächst nicht wohl und war irritiert, dass es mir offensichtlich so schwer gelang, mich mit mir selbst zu befassen.

In dieser Zeit überlegte ich mir zum ersten Mal, wie sich Erfolg für mich eigentlich anfühlt. Ich notierte, was mir wichtig ist und habe die Liste seitdem bereits mehrfach überarbeitet.

Meine Erfolgsliste ist luftiger und in einer gewissen Art und Weise auch ehrlicher in Bezug auf meine Person geworden. Mir wurde auch klar, dass ich in den Jahren vor meiner Bali Auszeit bestimmten Zielen nachgelaufen bin, die eigentlich nicht wirklich (mehr) meine sind.

Das bedeutet Erfolg heute für mich:

Nicht aus Angst heraus handeln.

Zwischen echten und falschen Freunden unterscheiden.

Das Herz von Kindern gewinnen.

Aufrichtige Kritik annehmen.

Jeden Tag im Leben etwas Poesie genießen können.

Die Schönheit in allem sehen.

Die Welt nicht verlassen, bevor ich sie nicht ein klein bisschen besser gemacht habe.

Andere nicht bewerten, weil ich nicht in deren Schuhen laufe.

Mich selbst so behandeln, als wäre ich selbst meine beste Freundin, der ich wohlwollend helfen möchte.

Jeden Tag die Komfortzone ein klein wenig verlassen.

Nicht aufhören, zu lernen und zu wachsen.

Und von ganzem Herzen zu lachen und zu lieben.

Interludino

weißt du,

dass uns allen nichts so viel angst macht,

wie ein neuanfang?

und weißt du auch,

dass nirgends so viele chancen auf uns warten,

wie genau da?

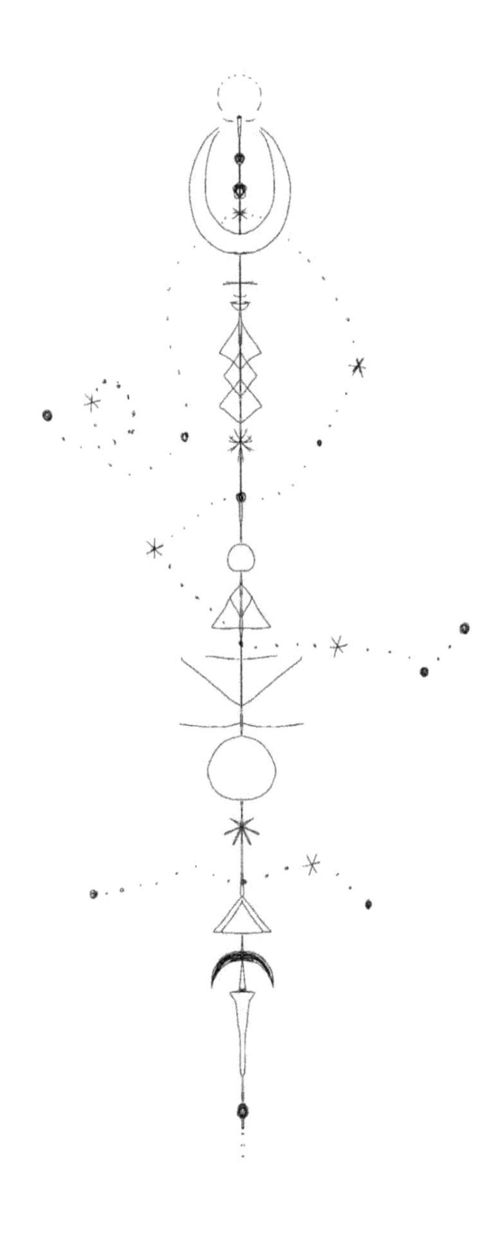

ZEIT FÜR DIE ZUKUNFT.

Glück

Glück gibt es nicht von anderen. Glück ist vielmehr etwas, das in uns verwurzelt ist und nur noch als solches entdeckt und gesehen werden muss.

Unser eigenes Glück spüren wir dabei direkt proportional zu der Freude, die wir anderen schenken.

Eine alte Frau hatte mir einst während einer meiner Reisen in Indien gesagt: „*Ergreife die Zügel deines Lebens, führe das Leben, das du führen möchtest und warte nicht darauf, dass es dich führt. Vergrabe deinen Kopf nicht in der Erde, sondern werde aktiv.*“

*

Wenn ich im Gefühl des Mangels bin, versuche ich deshalb dem entgegen zu wirken, indem ich bewusst mehr Zeit mit meinen Freunden verbringe. Und wenn ich zunächst auch nicht will, so gebe ich mir selbst doch einen kleinen Schub in diese Richtung. Ich merke dann, wie mich die Gesellschaft von tollen Menschen in meinen Krisenmomenten auch stützen und mir Kraft geben kann.

Dreht der Nachbar wieder mal zu laut seine Rocksongs am späten Abend auf, bemühe ich mich, nicht mit Verärgerung zu reagieren. Manchmal gelingt es mir auch und ich stelle dann fest, dass ich oft mehr Liebe (im weiten Sinn des Wortes) in meinem Leben spüre, wenn ich selbst liebevoller, nachsichtiger und emphatischer im Umgang mit mir und den anderen bin.

Das Gesetz der Anziehung, also das zu geben, was wir uns selbst in unserem Leben mehr wünschen und es dadurch auch zu bekommen, funktioniert auf mysteriöse Art und Weise immer und unabhängig davon, ob ich in dem Moment daran glaube oder nicht.

UND WAS IST
GLÜCK
NUN FÜR DICH?
FÜR MICH IST ES
JETZT KLAR:
HEITERE ZUFRIEDEN
HEIT IN DEN MOMENTEN,
IN DENEN HERZ & VERSTAND
SYNCHRON LAUFEN!

Über die Kunst, zu gehen

Ich bin eine leidenschaftliche Kämpferin. Ist mir etwas wichtig, setze ich mich voller Herzblut dafür ein.

Einzugestehen, dass ich nicht weiterkomme und es besser ist, eine Sache (auch mal für einen kleinen Moment) auf sich beruhen zu lassen und zu gehen, anstelle sich weiter für diese einzusetzen, fällt mir dann oft verdammt schwer.

Für diese Entscheidung müsste ich in der Lage sein, einen Schritt zurückzugehen, um die Situation objektiver betrachten zu können und mir dann unter diesem Blickwinkel die Frage zu stellen, ob ich das, was ich will, überhaupt bekommen kann.

Das ist eben auch deshalb so schwer, weil ich in solchen Momenten so stark emotional getrieben bin. Den Ausknopf zu finden ist dann eine echte Herausforderung.

Schaffe ich es aber, finde ich mich im Ergebnis auch weniger oft in gestressten Situationen wieder und kann mich entspannter um andere Angelegenheiten kümmern, die oft nicht weniger wichtig sind.

*

Ist etwas vorbei, sei es eine Freundschaft, eine Verhandlung oder auch eine Arbeitsbeziehung, checke ich gerne den Puls. Einmal, zweimal oder sogar auch dreimal prüfe ich, ob noch Leben in der Angelegenheit steckt.

Komme ich zu dem Ergebnis, dass sich dort nichts mehr rührt, bemühe ich mich, davon zurückzutreten, anstatt noch mehr Energie in die fest gefahrene Konstellation zu stecken.

Dabei heißt gehen noch lange nicht, dass es ein Gehen für immer und ewig ist. Zu gehen kann nämlich auch bedeuten, dass ich nur für den Moment Abschied nehme, weil ich, der andere oder die Sache an sich eine Pause brauchen.

Pausen sind eben nicht nur beim Sprechen gut.

*

Ich habe mal gelesen, dass es wichtig sei, darauf zu achten, sich selbst auf die eigene Schulter klopfen zu können, wenn man von einer schwierigen Angelegenheit Distanz gewinnt und geht.

Der Abgang sollte idealerweise so fair und toll absolviert werden, dass man darauf noch lange zurückblicken kann.

Das verstehe ich in der Theorie. In der Praxis gehen mit mir dann nicht selten die Gefühlspferde wieder durch.

Ist das der Fall, fühle ich mich natürlich schlecht, weil ich eben nicht die gewünschte Kontrolle über mich und meine Reaktion in der Situation habe.

Hätte ich diese, wäre ich stark und in dem Moment Chefin meiner Gedanken und Taten. Dieser Wunschzustand gelingt mir heute schon öfter als früher, aber nicht immer.

Es stimmt, dass es sich gut anfühlt, wenn durch den Abstand zu der Konstellation wieder Zeit und Raum zwischen mir, dem Thema, der Person oder was auch immer entstehen kann.

Dieser Zustand ist auch sinnvoll, weil ein jeder dadurch eine bessere Perspektive auf die Gesamtsituation gewinnt und sich neu ausrichten kann.

Vor allem stimmt auch, dass das Beste dabei ist, dass sich das gesamte System ändern kann, eben weil Platz geschaffen wurde. Gerade durch einen Ausknopf kann Bewegung entstehen und neue Energie hinzukommen.

Dieser erfrischende Windhauch ermöglicht es auch den anderen Beteiligten im System, sich zu ändern oder sich sogar anders zu bewegen.

In der Praxis, dem echten Leben, fällt es mir aber trotz dieser wunderbaren Argumente oft schwer, den Strich zu ziehen.

Ich übe mich aber weiter darin, denn wenn ich erst einmal gegangen bin, und weiß, dass es richtig war, fühlt es sich immer wunderbar befreiend an.

Interludino

du hast eine stärke dafür,

dich mit leidenschaft für die dinge einzusetzen,

die dir wichtig sind.

das, an was du glaubst.

weißt du, wie schön dich das macht?

TRUTH

IS

ILLUSION

Der Fahrtwind in meinen Haaren

Als die Sonne am Horizont untergeht, leuchtet die Playa des Burning Man Festivals bereits in allen Regenbogenfarben.

Vergnügt radele ich auch heute direkt in die Menge der Tanzenden, Spazierenden und anderen Fahrradfahrern hinein und jedes Mal fühlt es sich wie ein frisches Abenteuer an, weil es Neues für mich zu entdecken gibt.

Ich bleibe nun gebannt vor zwei riesigen Stromtransformatoren stehen, die mehr als zehn Meter über mir elektrische Spannung in Aufsehen erregenden Lichtstößen abgeben und dazu ein lautes Zisch-Geräusch in den Abendhimmel senden.

Ein paar Meter weiter entdecke ich einen kleinen Sekretär mitsamt elegantem Holzstuhl, beide sanft von einer mit rotem Samtstoff bezogenen Nachttischlampe beleuchtet. Auf dem Schreibtisch finde ich ein schweres Lederbuch vor, dessen Seiten sich bereits der Witterung angepasst haben und sich gelb und flattrig leicht im Spiel des Windes bewegen.

Die Szenerie lädt mich zum Verweilen ein.

*

Die Playa ist so groß, dass ich von dem Rest der Besucher ungestört Platz nehmen kann.

Ich entdecke in schöner Handschrift und mit Füller geschrieben die Aufforderung, Wünsche ans Universum zu notieren. Daneben befindet sich ein neongrüner, großer Druckknopf.

Ich setze die Idee gerne um und schreibe meine Gedanken nieder, bevor ich den Druckknopf drücke, der daraufhin fröhlich aufleuchtet. Das bringt mich zum Lachen. Ich blicke voller Glück in den mittlerweile klaren Sternenhimmel der

Nacht und steige wieder auf mein Fahrrad, um weiter auf und über die Playa zu radeln.

*

Ich weiß nicht, was der Abend mir heute noch bringen wird, aber die ganze Nacht liegt mir zu Füßen. Und ich liebe dieses Gefühl, das aus einer Mischung aus Spannung und Ungewissheit besteht, weil es meine Haut zum Kribbeln bringt.

Am Horizont entdecke ich einen haushohen Mississippi Dampfer, der sich langsam, aber beständig auf der Playa fortbewegt. Er ist einer der unzähligen fahrenden Art Cars, der Kunstmobile, die in liebevoller Handarbeit teilweise über Jahre hinweg angefertigt worden sind, und auf denen Musik gemacht wird.

*

Ich spüre, dass das mein neues Ziel sein wird, steuere auf ihn zu. Dabei gebe ich alles, so wie ich es als Kind schon tat, um schneller als meine Brüder mit dem Fahrrad ans Ziel zu kommen, trete mit kräftigen Tritten rasch in die Pedale und spüre den Fahrtwind in meinen Haaren und die Unendlichkeit der endlichen Welt in der Weite der Wüste Nevadas.

Freiheit, so fühlt sie sich gerade für mich an.

*

Ich liebe das Leben, möchte es in all seinen Facetten spüren, weiter darüber staunen und bin, es ist wahr, selbst ein bisschen *crazy for life*.

Der Moment auf dem Fahrrad in der Wüste Nevadas unter dem Sternenhimmel ist auch eine dieser Situationen in meinem Leben, in denen ich genau weiß, warum ich so lebe, wie ich lebe und dass ich mein Leben trotz aller Tiefen nie gegen eine andere Lebensvariation eintauschen würde.

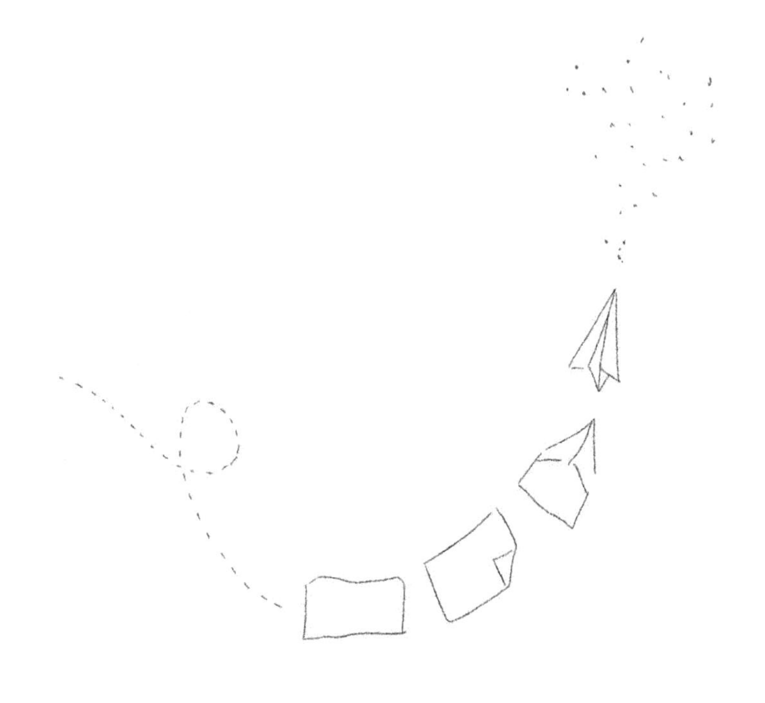

Zuletzt für dich

Du bist am Ende meines Buches angelangt und weißt nun viel aus meinem Leben und was mich in den letzten Jahren beschäftigt und mir geholfen hat, meine persönliche Wahrheit zu finden.

Meine Reise dorthin ist aber noch lange nicht zu Ende und das ist wunderbar und gut so.

Crazy for Life - ich wünsche dir viele Glitzersterne auch für dein Leben!

Zur Autorin

Corinna-Rosa Falkenberg verliebt sich in Adrenalin, Poesie, Männer mit tiefer Stimme, Erdbeeren und Abgründe. Sie zeigt ihre Kunst und liebt das Reisen. Doch egal, wo sie ist und was sie macht, das Glück und Unglück sind immer mit im Gepäck. Oft darf sie von Herzen lachen und durch ihr Leben tanzen. Doch manchmal läuft ihr Leben auch so schief, dass sie einfach nur weinen möchte. Das mit dem Lebensglück bleibt eben so eine verdammte Sache! Ihr ist bewusst, wie *crazy* das Leben ist und wie sehr sie in dieses verrückte Leben verliebt ist, um es in all seinen Facetten und in all seinem Reichtum so gut es geht zu erfahren. Ein bisschen *Crazy for Life* eben.

Lightning Source UK Ltd.
Milton Keynes UK
UKHW010904250520
363803UK00003B/709